JN087359

祭

※各祭りの名称は主催者が公式と判断した名称としています。
※行事名、祭事名、道具名等の名称は各祭り固有の呼称に準じています。
※開催日、開催地等の祭りの情報は2022年1月時点のものとなっています。
詳しい情報は巻末の祭り情報（Information）をご参照ください。
※本書に掲載している写真は主催者ならびに撮影者の
許諾を得ていますが、個人の肖像権に関して
ご質問がある場合は小社までお問い合わせください。

わかじし

「祭」を知り、その魅力を発見する

「まつり」という言葉 ——

日本国内に祀られている神社は約8万社で、それぞれの神社では氏子たちによって祭りが行われている。大きな神社では例大祭だけでなく、いくつもの例祭があるので、祭りの数は10万を優にこえる数となる。しかし「まつり」はこれだけでなく、古くからの日本語である大和言葉の「まつり」の原義からは、約7万7000ある寺院の法要も「まつり」であるし、家々で行われている正月やお盆などもこの範疇に入る。「まつり」の原義は、神仏などに供物をあげることで、「たてまつる（奉る）」が語源といわれている。漢字が日本に伝わって「まつり」に「祭」や「祀」、さらには「奠」の文字を宛てたのであり、上記のように「祭（まつり）」の範囲は広く、日本は「祭」の国ということができる。さらに「政」を「まつりごと」というのもこれと密接に結びつき、悠久な歴史をもつ「祭」が多くある。

日本のまつりの独自性 ——

在来の神々が新たなカミである仏に帰依することで始まる神仏習合は、1000年を超える長い歴史をもつ。そのため古い姿を伝える「祭」の内容は複雑だが、どの「祭」もその構成を見ていくと、基本的には潔斎である「物忌（ものい）み」から始まる。そして、神をその場に迎える「神迎え」があり、迎えた神へ供物をし、祭る者から神への報告や祈願、神から人への託宣が行われる。この祈願や託宣にはいろいろな形式があり、神の力が何らかの行為によって表現されたり、迎えた神の地域への巡幸、あるいは特別な意味をもつ御旅所や水辺などへの神幸があったりする。占いや儀礼・芸能で神の力を人々に分与することもある。この後に行われるのが神と祭り人（まつりびと）たちの共食である「直会（なおらい）」で、この時には神を楽しませる芸能の奉納もある。そして神にお帰り願う「神送り」があり、祭り人たちが日常に戻るための「物忌み」があって終わる。

本書の提案 ——

本書は「祭」をこれまでと違う観点で見つめ直した。それは現在に伝えられている各地の「祭」は、長い歴史過程で上にあげた「祭」の構成のいずれかの場面が強調されたり、肥大化したりすることで、それぞれが異なる姿となったという捉え方である。この強調や肥大化は、熱狂的な時空を生みだし、他には例のないような特別な姿を創り出している。このことが「祭」を受け継ぐ人たちにとっても、見る人たちにとっても最大の魅力である。日本の「祭」に関する今までの多くの書籍は、「祭」を春夏秋冬の四季にわけて紹介する場合が多いが、本書はその形式をとらず、上にあげた「祭」の基本的な構成と、それぞれが歴史過程でどのように特色づけられてきたのかが判るようにした。本書はこれまでにない斬新な切口で日本の「祭」を編んだ。

小川直之（國學院大學教授）

小正月行事

年の豊穣を願い、災厄を祓う

日本に現存する最古の暦は、奈良県明日香村石神遺跡から出土した689年の円形木簡で、これには日の吉凶なども記されている。「小正月」というのは、元日からの年初を「大正月」というのに対し、1月15日を中心とする数日のことで、こうした「正月」は暦があることによって成立する。明治5(1872)年12月3日を明治6年1月1日とする現在の太陽暦以前の太陰太陽暦では、小正月は満月の日で、この日には農山漁村ではその年の豊作豊漁を願い、また災厄を祓う行事や祭りが行われてきた。現在の小正月は満月ではなくなったが、豊穣祈願や災厄祓いの祭りは続いていて、その代表が火祭りである。ここでは長野県野沢温泉村と神奈川県大磯町の道祖神の祭りを取り上げた。「道祖神」の古くからの読みは「サヘノカミ」で、悪疫を遮る力があると考えられてきた。小正月の火祭りを道祖神祭りとするのは関東甲信越地方で、「セエト祓い」とか「ドンド焼き」と呼ぶ所が多い。「左義長（さぎちょう）」は、平安時代に宮中で行われた吉書焼きの行事のことで、この名が近畿地方とその周辺に広がっている。東北地方では害鳥を払って豊作を願う「鳥追い」、九州北部では「鬼火」などと呼んでおり、小正月の火祭りは列島の広い範囲で行われている。

火の粉飛び交う、男と男の激しい攻防戦

長野県の野沢温泉村で行われる小正月の火祭り。厄災の侵入を防ぎ、子どもの成長祈願などを行う民間信仰の神「道祖神（どうそじん）」の祭りである。この神は「どうろくじん」などとも呼ばれ、小正月である1月15日の夜、巨大な社殿を舞台に火入れの攻防戦が繰り広げられたあと、社殿は一晩かけて燃やされる。社殿に松明の火を付けようとする村の男たちと、その火から社殿を守ろうとする厄年の男たちによって繰り広げられる攻防戦が見どころ。この道祖神祭りは、前年に子どもが生まれた家で「初灯籠（はつどうろう）」と呼ばれる大きな灯籠をあげる祝いや厄年の祓い、道祖神木像による良縁祈願の内容を持つ。各地の道祖神祭りのなかでも規模の大きさや行事内容などから日本を代表する道祖神行事のひとつといえ、国の重要無形民俗文化財に指定されている。明治末には2か所で行われていた祭りが現在の1か所にまとめられたが、道祖神塔や村に残る史料などから、江戸時代後期にはすでに行われていたと考えられている。

1月15日／長野県野沢温泉村

野沢温泉の道祖神祭り

社殿　山棟梁と呼ばれる責任者のもとで山から伐ってきたブナを御神木とする。針金や釘などは一切使用せずに手作業でつくられた巨大な社殿は高さ十数mにもおよぶ。数えで42歳の厄年の男たちを中心とする「三夜講」と呼ばれる組織に25歳の厄年の男たちが加わり、祭り前日から作業する。

大松明　この祭りでは、代々決まっている「火元」の家に厄年の人6名が蓑笠姿で行き、火打ち石でとった神聖な火で社殿を燃やす。この火が火元でオガラ（麻幹）の大松明に移され、道祖神歌をうたいながら道祖神場に運ばれる。火打ち石からの小さな火種は大松明の火となり、火祭りの主役となっていく。

三夜講　この祭りの時に数えで42歳の厄年を迎える男とその前後の年齢層で構成するのが「三夜講」で、この仲間で3年間社殿づくりなどを務める。この三夜講の仲間は3年間役目を務め上げると次の三夜講へとバトンタッチされる。

火祭りの攻防戦　ハイライトは激しい火の攻防戦である。火元の家からいただいた神聖な火を松明に移し、村の男たちが火付け役となって社殿めがけて飛び込む。待ち受けるのは25歳厄年の男たちで、火消し役となって火を松の枝で叩き落として社殿を守る。社殿の上には42歳厄年の男たちが乗り、祭りを見守る。

大地に立つ
明るい未来

大磯の左義長

夜空を焦がす、400年の伝統の火祭り

神奈川県大磯町大磯の南下、北下の2地区が海辺で行う小正月行事。家内安全や無病息災を祈願して行われる「セエノカミサン（道祖神）」の火祭りである。平安時代に宮中で陰陽師が行った「左義長」に因む現在の名称は後のもので「セエトバレイ」が古くからの名である。祭りを行う9町内各々が道祖神を祀るお仮屋に正月飾りなどを集めて海岸に運び、円錐形のサイトを積み上げ、夜になると燃やす。この行事は、前年12月に子どもたちが家々を巡りながら家人に頼まれた願いを唱えて玄関先で石を打ちつける「一番息子」から始まり、正月には町の人たちが道祖神のお仮屋を巡拝する「ナナトコマイリ」をして、セエトバレイの日を迎える。正月飾りや門松が燃え上がる横では綱引きの神事「ヤンナゴッコ」も行われる。年をまたいで行われる一連の行事が「大磯の左義長」として国の重要無形民俗文化財に指定されている。

1月14日前後の土・日・祝いずれか／神奈川県大磯町

セエトバレイ　この祭りを行うのは南下の4町と北下の5町で、各町内でセエノカミ（道祖神）を祀り、祭りにはその場所にお仮屋をつくる。燃え上がる9基のサイトはこの9町のもので、その炎で団子を焼き食べると風邪を引かない、燃やした書き初めが高く舞い上がると腕が上がるなどの言い伝えが残る。セエトはサイトの訛りである。

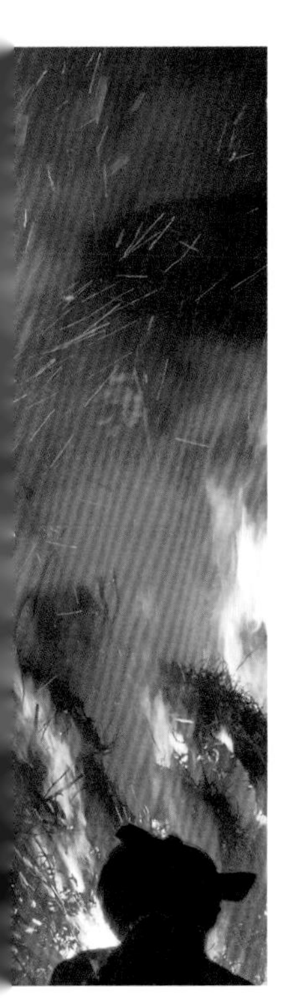

サイト　祭り当日、お仮屋に集めていた正月飾りなどを海岸へ運び、円錐形の櫓のような「サイト」が9基つくられる。中心には「オンベ竹（御幣竹）」と呼ばれる長さ約8mの竹を立て、その先には書き初めや輪飾りなどを付け、周囲には藁やだるま、神社のお札などを差し込む。

ヤンナゴッコ　この祭りには他にはない「ヤンナゴッコ」という綱引きがある。梯子のような台の上に縄で編み込んだ仮宮をつけ、海に引き入れ、ふんどし姿の青年たちが浜方と陸方に分かれて綱引きをする。3回引き合いを繰り返すと、仮宮は踏み潰して壊される。豊漁を願う神事のため、3回目は必ず陸方が勝つという。

田植

水田稲作を巡る信仰

天武天皇4(675)年に朝廷は肉食禁止令を出した。これは地方も含めた官人たちへの命令で4月1日から9月30日までの間、牛や馬、鶏などの肉食等を禁じた。稲には霊が宿るという稲魂信仰は、東アジア稲作圏では広く認められ、日本にもこの信仰に基づく儀礼や祭りがいくつもある。7世紀後半の肉食禁止令はその制度化と考えられ、これによって稲や米を聖なるものとする考え方が確立されたといえる。稲魂信仰による儀礼や祭りがどのように整えられたのかは明らかではないが、現在も受け継がれている水田稲作を巡る祭りには、「田儛」「田遊び」「田楽」「囃子田」の4種の芸能が伴っている。田儛は『日本書紀』天智天皇10(671)年5月5日の条に宮中で行われた記事があり、田楽は平安時代末から鎌倉時代に広まり、年始めに稲作の姿を演じる田遊びは、伊勢神宮の建久3(1192)年の記録に出てくる。太鼓やササラなどで囃し、田植唄を歌いながら早乙女が田植をする囃子田は、平安時代後期11世紀の『栄花物語』に中宮彰子がこれを観る光景が描かれている。いずれも古くから存在し、これらのうち田楽は現在の能楽の成立に大きな影響を与えている。ここでは住吉の御田植神事などの田植の祭りで上記の4つの稲作芸能もわかるようにした。

華やかな早乙女たちの御田植神事

大阪府大阪市に鎮座する住吉大社で行われる田植の神事。稲作過程の祭り神事は全国に多くあるが、これは日本の代表的な御田植神事のひとつ。植女や八乙女、稚児など、神事の奉仕者がお祓いを受けたあと、行列をつくって境内の御田へと向かい、御神水で御田を清めてから早苗の授受を行い、田植が始まる。田植を行う間、中央の特設舞台や御田の周囲では、雨乞いや豊作を祈願するさまざまな舞や踊りが披露される。田植に際し音楽を奏でて唄を歌い、踊りや舞が奉じられるのは、田や植え付ける苗に宿る稲の力を増やすためといわれている。御田植神事のなかでも田儛といえる八乙女舞、風流武者行事、棒打合戦、住吉踊など多彩な内容をもち伝えており、「住吉の御田植」の名称で国の重要無形民俗文化財に指定されている。伝承によると、住吉大社の鎮座の際に神功皇后が住吉大神の御供田として神田を定めたのが始まりといわれており、鎌倉時代にはすでに猿楽・田楽など数々の芸能が行われた記録も残っている。

6月14日／大阪府大阪市住吉区・住吉大社

御田植神事

植女　萌黄(もえぎ)の水干装束に笠をかぶる植女が稲苗を田植をする替植女(かえうえめ)に渡す。

代掻(しろか)き　御田の四方に御神水を注いで清めたあと、赤い幕と造花を背に飾った「斎牛(さいぎゅう)」と呼ばれる神聖な牛が土を細かく砕き、水田をならして苗を植えやすくするために「代掻き」を行う。その後、植女が神前より授かった早苗を替植女へ渡すと、いよいよ田植が始まる。

早苗　花笠姿の女性（替植女）が神前で苗（早苗）を受け取り、御田（水田）に植える。その間、御田近くに設けられた舞台では、「住吉踊」などが披露される。

芸能　田植が行われる間、御田の中央の特設舞台では、八乙女による優雅な田儛（22頁写真）や、御稔女（みとしめ）による雨乞祈願の神楽「神田代舞（みとしろまい）」が奉納される。御田の畔（あぜ）では、鎧兜の風流武者行事や子どもたちが紅白に分かれて六尺棒を打ち合う棒打合戦などが行われる。

阿蘇の山裾を歩く美しい白装束の列

熊本県にある阿蘇神社の例大祭。阿蘇神社に祀られている十二神が4基の神輿に遷(うつ)され、稲の生育ぶりを見てまわる神幸祭で、五穀豊穣を祈願する。オンダと通称される「御田植神幸式」は、飯櫃(めしびつ)持ちのウナリや神輿、田植の人形などで構成される。行列が青田の中を練り歩く神幸式が見どころ。阿蘇神社のおんだ祭の2日前に、同じ阿蘇市にある国造神社でもおんだ祭が行われる。内容はほぼ同じだが、神輿が1基、御仮屋が1か所、ウナリが6名と阿蘇神社よりも小規模で開催される。阿蘇神社や国造神社では、四季を通じて稲作に関するさまざまな行事が行われており、おんだ祭を含む一連の行事は「阿蘇の農耕祭事」として国の重要無形民俗文化財に指定されている。阿蘇神社の御田植神幸式は明治5(1872)年の改暦以前は旧暦6月26日で、この日は神社創立の記念日でもあった。現在の祭礼期日は約1ヶ月後となっていて、本社から2か所の御仮屋に神幸し、それぞれで神事が行われる。この御仮屋から出発する時には稲苗が神輿に投げられる（写真上）。これが「田植式」である。ウナリは頭上に膳と櫃をかかげて供物を運ぶ役で、白装束・白頭巾で一列になって歩く姿が美しい。古式の運搬法である。

7月26日（国造神社）、28日（阿蘇神社）／熊本県阿蘇市・阿蘇神社、国造神社

阿蘇のおんだ祭

御仮屋　神幸は本社を出て一の御仮屋、二の御仮屋という2か所の御仮屋を巡る。御仮屋に到着すると、4基の神輿は奉安され、神職たちにより神饌が供えられる。神饌は粽・餅・山芋・いくり（すもも）・鶏冠海苔・茄子・スルメ・万引（シイラの干物）・昆布の9品。

神幸の人形　阿蘇神社の御田植神幸式では神職やウナリ、早乙女、田楽のほかに、赤と黒の獅子頭や田男人形、牛頭、田女人形などが伴う。

ご利益　沿道の観客は神輿の下をくぐると1年を健康にすごせるといわれる。

田植式　一の御仮屋を出発する際には神輿が時計回りに回る。このとき神輿の屋根に神職や参加者が稲を投げ上げる行為を「田植式」と呼ぶ。田植式で使用される稲はおんだ祭のために特別に育てられたもので、神輿に乗る稲が多いとその年は豊作になるとされる。これは二の御仮屋から本社へ向かう時と本社帰着時にも行われる。

神話と結びつき、静と動が織りなす御田植神事

三重県にある伊勢神宮内宮「皇大神宮」の別宮である「伊雑宮(いざわのみや)」の神田で行われる御田植の神事。志摩市磯部町の人々が輪番で諸役を受け持ち行う神事で、苗取りのあと、男たちが忌竹(いみだけ)を奪い合う勇壮な竹取神事、田楽にあわせた早乙女と立人(たちど)と呼ばれる男性による御田植が行われ、豊作を祈願する。竹取神事や御田植神事のほかに、最後に神田から伊雑宮の鳥居までの参道を踊りながら練り歩く踊り込みがある。竹取神事など独特な形を持つ田植神事としても特徴があるとして、「磯部の御神田(おみた)」の名称で国の重要無形民俗文化財に指定されている。伊雑宮は大治4(1129)年の『神道五部書』に「鶴の穂落とし」といい、倭姫命(やまとひめのみこと)が伊勢神宮に納める神饌(しんせん)を求め志摩を訪れた際に、1羽の白真名鶴(しろまなづる)が稲穂を落とし、その穂を供えて伊雑宮をつくったという縁起が記されている。この御田植式については当社の行事を記した正応(しょうおう)2(1289)年の年紀を持つ江戸時代の記録にみえる。

6月24日／三重県志摩市・伊雑宮

伊雑宮御田植式

大一
御供米
神通丸

竹取神事　神田（御料田）の畔に立てられた、笹が付いた大きな「ゴンバウチワ」という団扇を取り付けた6〜7mの忌竹を奪い合う勇壮な神事。団扇を神田に倒すと、男たちが忌竹を引きずり込み、泥だらけになりながら奪い合って持ち去る。切り裂かれた団扇などの一部は家の神棚に供えたり、船の船霊（ふなだま）様に供えて豊漁祈願をしたりする風習があるという。

御田植神事　竹取神事を終えると、田をならし、御田植がはじまる。白い着物に赤いたすきがけをした菅笠姿の6人の早乙女と田をならしていた6人の立人が一列に並び、太鼓打ちなどによる田楽にあわせて苗を植えていく。半分ほど植えると中休みとなり、役人（やくびと）に酒が振舞われ、刺鳥差（さいとりさし）の舞が舞われる。（写真は竹取神事の前の「苗取り」）

子どもたちの役割　御田植にあわせて太鼓、笛、ササラ、うたいなどによる囃子が行われる。長い棒を肩に担いだり、田に立てたりして、右手で割竹の楽器を演奏するのがササラ。このササラスリの2人が後で刺鳥差の舞も行う。囃子や早乙女など子どもたちが重要な役を担っている。

豊作を祈る農村の華やかな儀式

広島県山県郡北広島町で行われる田植え行事。壬生(みぶ)の商店街付近の田んぼを会場に、豪華な金色の鞍や造花などで華やかに飾り立てた「飾り牛」が代掻(しろか)きを行い、着飾った早乙女たちが「サンバイ」と呼ばれる指揮者の先導で田植唄を歌いながら田植えを行う。稲作の無事や豊作を祈願する囃子田(はやしだ)の典型的な祭りで、こうした姿は平安時代の『栄花(えいが)物語』「御裳着(おんもぎ)」の巻に田楽とともに出てくる。その田植えの様子の華やかさから「花田植」と呼ばれるようになったともいわれており、総勢約100人によって繰り広げられる壮大な田園絵巻が見どころ。「田囃子」とも呼ばれる囃子田は、小太鼓、大太鼓、笛、鉦による囃子があることによる。かつては各地で行われていたが、現在までこのような祭りを伝えている地域は少なく、さらに壬生の花田植は飾り牛による代掻きが伴うことで国の重要無形民俗文化財に指定され、ユネスコの無形文化遺産にも登録されている。

6月第1日曜日／広島県山県郡北広島町

壬生の花田植

引地氏

飾り牛　農耕牛として活躍していた時代と同様に手綱で誘導できるよう調教された飾り牛が縦一列に並び代掻きをする。北広島町と周辺市町から十数頭が参加し、当日壬生神社から会場へと向かう「道行き」は見せ場のひとつとして人気がある。なかでも先頭の牛は主牛と呼ばれ、これを務めることは名誉なこととされている。

道行き　壬生の花田植の田楽団は壬生神社から田植え会場まで演技をしながら向かう。町をあげての行事として行われている。

田植え　代掻きが終わると、絣の着物にたすき掛けをして菅笠をかぶった壬生と川東の早乙女が苗取りを行い、田植えが始まる。指揮するサンバイはササラという打楽器を打ち鳴らし、朝唄、昼唄、晩唄の3種の田植唄を先導する。囃子方が賑やかに太鼓や鉦で囃すなか、早乙女が田植唄を歌いながら苗を植えていく。

本地の花笠踊り　この行事には、あわせて北広島町本地の花笠踊りも披露される。花田植とは異なる行事だが、多くの人が集まる機会に公開されている。花笠とゆったりとした舞ぶりが特徴で、深い網笠をかぶって揃いの浴衣に身を包み女装した男性が踊り子となる。

火祭り

家の神棚や仏壇に灯明を点す、お盆に迎え火や送り火を焚くなど、家々の生活にも火の祭りはある。かつては家を出るときに火打ち石で火花を振りかける「切り火」もあった。こうした身近な仕来りからは、「火」には神仏に明かりを捧げて祈ること、火とその煙で神仏を招き送ること、清らかな火の力で災厄を祓うことの3つの意味があるのがわかる。ここで取り上げている和歌山県の「那智の扇祭り」から北海道の「天狗の火渡り」までは、大きな火を焚く代表的な祭りであるが、その意味は家々の暮らしにある「火」の仕来りと同じであるといえる。那智の扇祭りの大松明は、扇神輿の行く手を照らし、鞍馬の火祭の松明と大篝、山梨県の吉田の火祭りも神の道を照らす。愛知県の鳥羽の火祭りは神に大松明の火を捧げて神意をうかがい、福岡県の大善寺玉垂宮の鬼夜の大火や北海道の天狗の火渡りは災厄を祓う火である。それぞれの祭りでは、その火の意味を尊び、長い継承の過程で大火の祭りを創りあげてきた。日本の祭りには大きな火から小さな火まで、さまざまな「火」の世界がある。その一つ一つから、「火」がどのような意味を持つのか考えながら祭りを見ていくと、今までとは違う火の意味が見えてくる。

祈り、照らし、祓う大火

鬱蒼とした山道に映える炎と扇神輿

和歌山県那智勝浦町の那智山中腹に鎮座する熊野那智大社の夏の例大祭。「那智の火祭り」とも称される扇祭りは、大和舞（やまとまい）、田楽、御田植式、扇立神事、御火行事、御田刈式などからなる多彩な祭りで、「火祭り」の通称はこの「御火行事」に由来する。扇立神事と御火行事は「渡御神事」で、扇立神事は高さ約6m、幅約1mの赤地緞子（どんす）に金地に日の丸の扇を32本と小鏡などを取り付けた12体の扇神輿が本社から那智大滝まで渡御する。12体の扇神輿は熊野十二所権現ともいわれており、那智大社の元の祭地は大滝付近だったと伝えている。ここで「扇褒め」の祭儀や「田刈舞」などが舞われるが、渡御には御滝本で火を灯した12本の大松明が扇神輿を出迎えてともに大滝に向かっていく。鬱蒼（うっそう）とした那智の社叢（しゃそう）の山道を真っ赤な緞子と金地扇の神輿が燃え上がる炎の大松明とともに進む姿は、熊野の神々の力の表現ともいえよう。この場面が祭りのクライマックスとなっているが、渡御の前に本社で演じられる田楽は古式を伝えており、「那智の田楽」の名で国の重要無形民俗文化財に指定され、ユネスコの無形文化遺産にも登録されている。

7月14日／和歌山県那智勝浦町・熊野那智大社

那智の扇祭り

那智の田楽　扇祭りで奉納される民俗芸能で、笛にあわせてビンザサラや腰太鼓を鳴らしながら陣形を変えて舞う。『熊野年代記』には室町時代の応永10（1403）年に京都から田楽法師を招いて田楽を習得したとある。田楽の曲目には「乱声」「鋸刃」など22曲が伝えられている。

大松明　御滝本で点火された大松明は重さ約50kg。氏子たちはこれを担いで上り下りし、その炎で参道を清める。

御火行事　祭りのハイライトは御火行事である。那智大滝へと向かう扇神輿と大社に向かう大松明が出会うと、白装束に烏帽子姿の大松明の担ぎ手たちが「ハリヤ、ハリヤ」と声をあげながら大松明を抱えて円を描くように石段を上り下りし、参道に炎を浴びせ清める。その燃え盛る炎の様子から「那智の火祭り」ともいわれている。

令和

水を被り、巨大な火柱に繰り返し果敢に挑むネコたち

愛知県幡豆(はず)町鳥羽に鎮座する鳥羽神明社の神事。「鳥羽の火祭り」の名で親しまれている。「すずみ」と呼ぶ竹や茅などでつくられる高さ約5m、重さ約2tの巨大な大松明2基に火打ち石でおこした火を入れる。西の「福地(ふくじ)」と東の「乾地(かんじ)」の2つの地区に分かれたネコと呼ばれる奉仕者の男たちが火柱を上げる「すずみ」に飛び込む。こうして「すずみ」の中に収められた「神木(しんぎ)」と「十二縄」を取り出し神前に供える早さを競う。「すずみ」の燃え具合や福地と乾地の勝敗でその年の天候や豊凶を占う。諸説あるが、福地が勝つと豊作になり雨も多く、乾地が勝つと日照りが続き異変が起こるといわれている。激しい炎を恐れることなく飛び込み、すずみを揺らしていち早く神木や十二縄を取り出そうとする勇敢な姿が見どころ。国の重要無形民俗文化財に指定されている。その年を占うのは、この祭りはかつて旧暦1月7日の正月行事であったからで、昭和45(1970)年から2月になった。

2月第2日曜日／愛知県西尾市・鳥羽神明社

鳥羽の火祭り

火祭

神男の禊　祭りを担うのは「神男」たちで、当日の午後火祭りの神事に先立ち禊が行われる。下帯姿にさらしを巻き、鉢巻を付け、白足袋を履いた男たちが鳥羽神明社でお祓いを受け、御幣を持って約1km離れた海岸へと向かう。海に入ると沖まで進み、首元まで浸かって祭りの無事を願い身を清める。

すずみ　祭りの中心となる巨大な2基の「すずみ」は、神木を茅で包み、そのまわりを青竹60本で囲んで藤のつるで巻く。根本は1年の月数を表す十二縄を巻く。完成するとどちらの「すずみ」をどの地区が使うかを神男のくじ引きで決め、境内の所定の場所まで運び、並べ立てられる。

火祭りの神事　「すずみ」が火柱を上げると水を被った「ネコ」と呼ばれる男たちが炎へ果敢に飛び込み、燃える茅を掻き出すように「すずみ」を揺する。7割ほど燃えたところで神木や十二縄を取り出し、福地、乾地の両方が神前に供えて祭りは幕を閉じる。燃え残りの竹で箸をつくり食事すると歯の病気にかからないとの伝承がある。

邪気祓う火の粉を散らす巨龍のごとき大松明

福岡県久留米市の大善寺玉垂宮（たまたれぐう）で行われる追儺（ついな）と小正月の火祭りとが合体した祭り。大晦日の夜から1月7日まで、災厄を祓い、天下泰平・五穀豊穣・家内安全を祈願する鬼夜（おによ）神事の最終日が大松明の火祭りとなる。大晦日に「鬼火採り」が、4日に大松明づくりが行われ、7日には鬼面尊神（きめんそん）の面を阿弥陀堂に移す神事や種蒔き神事があり、その夜が鬼夜となる。直径約1m、長さ約13m、重さ約1.2tといわれる一番松明から六番松明までの大松明6本に鬼火が点火される。締め込み姿の氏子若衆数百人がカリマタと呼ばれる二叉のカシの棒で大松明を支え、時計回りに境内を回る「大松明廻し」が最大の見せ場。大松明の火の粉を浴びると、難を逃れ無病息災になるという。大松明のもとで鬼面をつけた者が持つ鉾を奪う鉾面神事があり、鬼役は阿弥陀堂に籠ってから出現し、堂のまわりを回る。これが追儺に相当する。「大松明廻し」はこの後に行われる。いくつもの内容をあわせもつ祭りで、国の重要無形民俗文化財にも指定されている。玉垂宮は白鳳時代創建の古社で大善寺はその神宮寺であった。

1月7日／福岡県久留米市・大善寺玉垂宮

大善寺玉垂宮鬼夜

鞍馬の火祭

闇夜に炎が乱れ舞う、都の平安を祈った古祭

京都市左京区鞍馬本町の鞍馬寺境内に鎮座する由岐神社の例大祭。日が暮れたころ、「神事にまいらっしゃれー」の神事触れを合図に、各家の前に積み重ねたエジと呼ばれる篝が一斉に点火される。大小の松明を担いだ若者たちが「サイレヤ、サイリョウ（祭礼や、祭礼）」の掛け声とともに町内を練り歩き、鞍馬寺の山門前に集合する。各家の篝火と道を行きかう約500本もの大小松明で参道は火の海となる。山門前の注連縄切りの儀が行われると、松明は集められて燃やされるが、若者たちは一斉に神輿迎えに走る。その後2基の神輿が石段を降り、町内を巡行し御旅所へと渡御し、真夜中に御旅所に着く。この祭りは約500本もの松明が石段下に集結し、夜空を焦がすほどの炎が壮観。由来は、平安時代末期に平将門の乱や大地震などの動乱、天変地異が相次いだことから京都御所に祀られていた由岐明神を鞍馬に遷宮した際の行列や由岐明神の霊験を伝えるため、鞍馬の村人が始めたとされ、1000年以上の歴史がある。

10月22日／京都府京都市・鞍馬寺内由岐神社

危険
柵に登らないで

松明・剣鉾　松明は子ども用の「とっくり」と呼ばれるものから、神楽松明と呼ばれる茶せん形の大小さまざまなものが約500本用意される。剣鉾は一本鉾と四本鉾の2種類あり、大型の四本鉾は4人で持つ鞍馬独自のもの。鉾には「七仲間」と呼ばれる各宿から鎧を着た武者も加わり、御旅所への渡御にも加わる仲間もある。

神輿　由岐神社と同社に合祀されている八所明神（はっしょ）の2基の神輿が鉾とともに町内を巡行し御旅所へ渡御する。坂を下る神輿には背後にスピードが出すぎないように綱が結ばれて引かれるが、女性がこの綱を引くと安産になるといわれている。

チョッペンの儀　石段を神輿が下りる際、2人の青年が神輿の担ぎ棒に逆さ大の字形にぶら下がって掴まる「チョッペンの儀」が行われる。これは鞍馬の成人式の名残とされている。

三顧の礼　神輿渡御を祝い、男衆が神輿の前に立って手をたたき、体をゆすり「よーい、よい」と叫ぶ。神事世話役が「祝うて三顧で」というと男衆が「サイレヤ　サイリョウ」と呼応し、神輿前から駆け下りて終わる。

大松明がつくりだす、富士山へと続く炎の一本道

富士吉田市は霊峰といえる富士山への登山口で町の入口には大鳥居があり、かつて富士信仰を担った御師の家が並んでいた。「吉田の火祭り」はここに鎮座する北口本宮冨士浅間神社とその摂社諏訪神社両社の例大祭である。7月1日が富士山の山開きで、この祭りでお山仕舞いとなり、2日にわたりさまざまな神事が行われる。26日に2基の神輿が町内を渡御し御旅所へ安置されると、路上に並ぶ大松明に一斉に火が入れられる。27日は神輿が浅間神社へ還幸し、その後、氏子がすすきの玉串を持って境内をまわる神輿のあとを追う「すすき祭り」が行われる。富士山の噴火を鎮める祭りとされ、正式には「鎮火祭」という。「火祭り」といわれるのは90本以上もの大松明で街並みが炎の海と化す様が壮観なことによる。富士信仰の広がりを知るうえで貴重なものとして、国の重要無形民俗文化財に指定されている。もとは摂社となっている上吉田村の鎮守であった諏訪神社の祭礼であり、江戸時代の『甲斐国志』などにもこの祭りが記されている。

8月26日・27日／山梨県富士吉田市

吉田の火祭り

富士山

神輿　諏訪神社の明神型の大神輿と、浅間神社の富士山をかたどった赤い神輿「御影」の2基がある。必ず大神輿のあとに御影が渡御するよう順序が決められている。大神輿は年配者が静かに担ぎ、御影は若者が荒々しく担ぐ。渡御の途中、御影は地面に落とされるが、これは神威を高め、荒ぶる富士を鎮めるためだという。

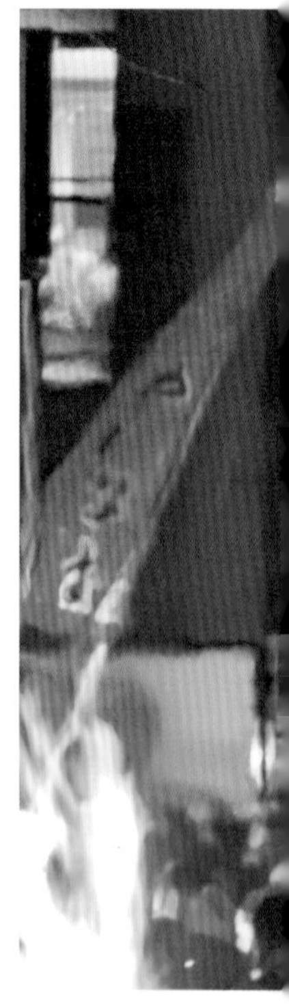

富士山　日が暮れる頃になると、御旅所前では2本の11尺の大松明が点火される。その後通りにある全ての松明が立てられ、火がつけられると南北に延びる一本の火の帯が現れる。薄暮の中、浮かび上がる富士山の山影が印象的。

大松明　高さ約3m、直径約90cmの筍形に結い上げられた大松明は「結い松明」ともいい、金鳥居がある表通りを中心に灯される。これとは別に家々では薪を井桁に積んだ井桁松明を灯す。富士山の山小屋でも松明が焚かれ、火の海と化した約2kmにわたる街並みは壮観。火伏せのまじないに松明の消し炭を拾う風習がある。

天狗の火渡り

災厄を祓う炎を纏い、天狗が駆ける

積丹半島北東地域にある神社では、海の安全と豊漁を祈願する祭りの中で天狗面の猿田彦や神輿が火中を突き抜ける神事がある。古平町では琴平神社例大祭と恵比須神社例大祭、積丹町では美国神社例大祭の際に行われる。火渡りを執り行う日の日中、朱色の装束を纏い一本歯の高下駄を履いた天狗面の猿田彦が、神輿や山車などの行列を先導して町を練り歩く。火渡りは町内を巡幸して災厄や穢れを負った天狗や神輿を、宮入り前に火によって祓い清めるための神事である。かんな屑に火が付けられると、まず猿田彦が太鼓や笛の音にのって炎の中を渡っていき、続いて神輿も火渡りを行う。燃え上がる火柱の中を、火の粉を蹴散らしながら渡る姿は迫力満点。猿田彦は日本神話では天から降臨する神々の先導役を務める。その姿は、現在では鼻高の天狗として表されることが多い。こうした天狗の火渡り神事は北海道だけでなく、広く全国で行われている。

7月第2土・日曜日（琴平神社）、9月第2土・日曜日（恵比須神社）、7月5日・6日（美国神社）
／北海道古平町、積丹町

灯籠、提灯

大松明など大火の祭りの一方には、灯籠や提灯で神仏に火を捧げる祭りがある。灯籠は仏教とともに奈良時代に日本にもたらされ、提灯は平安時代後期から使われ、ともに歴史は古い。神護景雲(じんごけいうん)2(768)年造営の奈良の春日大社には境内に2000の石灯籠、社殿回廊には1000もの吊灯籠が奉納されている。灯籠奉納は平安時代から続き、8月15日には一般家庭のお盆に灯籠や提灯を先祖霊に捧げるのと同様な中元万燈籠(ちゅうげんまんとうろう)の祭りが行われている。灯籠や提灯は火を神仏に捧げ、願いや感謝を表すが、室町時代には、新たな文化と価値観の創造が活発となり、「風流(ふりゅう)」といって従来にはない趣向を凝らした表現が次々に生まれた。そのひとつが「風流灯炉(ふりゅうとうろ)」で、貞成(さだふさ)親王による『看聞(かんもん)日記』永享9(1437)年7月19日の条には内裏(だいり)に牛若丸と弁慶の斬り合いの場面を表した「灯炉」が奉納されたとある。これは盆灯籠であるが、こうした京の新たな文化である風流灯炉が今の福井県を経て北上して七夕行事となったのが青森県などのねぶたや秋田市の竿燈などである。七夕のこの行事は松前から北海道にも伝わり、函館では七夕に箱灯籠を掲げた。また、熊本県の山鹿灯籠まつりは、灯籠踊りが有名になったが、この祭りで大切なのは、この地は灯籠の産地で、細工物の灯籠を神社に奉納することである。灯籠や提灯は神仏と交信する道具だったのである。

神仏に捧げ、交信する灯り

酷暑の災厄を祓う、威風堂々たるねぶたの競演

青森県青森市で開催される夏祭り。青森県など東北地方北部各地で行われるねぶた祭りのなかでも最大規模で、国の重要無形民俗文化財に指定されている。日本や中国の武者絵、歌舞伎狂言・神話・伝説の場面などが鮮やかな極彩色で描かれた「ねぶた」と呼ばれる巨大な人形灯籠約20台が6日間にわたって練り歩く。その大きさは最大高さ5m、幅9m、奥行き7mにもなり、灯(あかり)がともされ暗闇に煌々(こうこう)と輝くねぶた人形は見る者を圧倒する迫力。お囃子に合わせ「ラッセラー、ラッセラー」という掛け声とともに、「ハネト」と呼ばれる踊り手がねぶたの前で踊り跳ねる光景も見どころのひとつとなっている。青森ねぶた祭など東北地方北部の「ねぶた」「ねぷた」は巨大灯籠に灯をともして巡行するのが特色で、15世紀に京都の御所で行われた盆の「風流灯炉(ふりゅうとうろ)」が後に伝わったものである。「ねぶた」という名称は七夕の「眠り流し」から転じたもので、災厄を祓い流す目的があり、暦の上では初秋の行事である。青森市でのねぶた祭りとして最古の記録は享保年間（1716〜36年）のものが残る。

8月2日〜7日／青森県青森市

青森ねぶた祭

風調
雨順
IRIN
青森菱友会
青森銀行
HITACHI
日立のLED
がんばろう東北
鍾
北村

ハネト　ねぶたの周りで祭りを盛り上げるハネトは「跳人」と書き、浴衣と華やかな花笠を身に纏う。文字通りリズミカルに跳ねる踊りが特徴で、衣装に付けた鈴をシャンシャンと鳴らしながら片足で2回ずつ跳ねるのを繰り返す。衣装を着れば誰でも自由に参加することができ、祭り期間中約9万人ものハネトが参加する。

太鼓　ねぶた（ねぷた）の太鼓には各地で違いがある。青森ねぶた祭の太鼓はいわゆる「締め太鼓」で、叩く桴は長くてしなりがある。この太鼓を何台も並べて叩く音でねぶたは壮観さを増す。

海上運行　最終日の夜には、祭り期間中の審査で賞を受賞したねぶたなどが台船に載せられて青森港の海上を運行し、花火とともに祭りのフィナーレを幻想的に飾る。海上運行は、祭りの由来とされる灯籠を流して無病息災を祈る禊の行事である眠り流し（ねぶた流し）に倣って行われている。

四十七年賞

情っ張りの殿様がつくらせた巨大な大太鼓が自慢

青森県弘前市で行われる夏祭り。8月1日から7日の「なぬかびおくり」まで、7日間にわたって各町内会や愛好会などの団体が、弘前では「ねぷた」と呼ばれる灯籠を曳車(ひきぐるま)で市内を巡行させる。扇型の「扇ねぷた」や人形型の「組ねぷた」が登場し、県内の同様の祭りでは最多となる合計約80台が出る。直径3.3mの津軽情(じょ)っ張(ぱ)り大太鼓が先陣を切り、ねぷたの後ろには笛や鉦、太鼓の囃子や「ヤーヤドー」の掛け声をあげる市民たちからなる一団が続く。小型のねぷたから順に後半になるにつれて大型になっていくねぷたが見どころ。青森ねぶた祭と同様、「弘前のねぷた」の名称で国の重要無形民俗文化財に指定されている。起源は他のねぶた祭り同様、七夕行事の「眠り流し」から生まれたものといわれている。「眠り流し」は夏の悪疫をネムノキなどで流す行事だが、これに15世紀に京都御所の盆中に奉納された風流(ふりゅう)灯籠が結びついて広まった。「弘前ねぷた」は、享保7(1722)年7月の藩日記『御国日記』には「ねむた」の名で5代藩主津軽信寿(のぶひさ)に上覧した記録がある。

8月1日～7日／青森県弘前市

弘前ねぷたまつり

雅会

扇ねぷた　ねぷたまつりの大型灯籠にはさまざまな形があるが、弘前ねぷたまつりのメインは最大9m以上にもなる扇ねぷたである。津軽藩の藩祖、津軽為信の幼名が「扇」であったことから扇型のねぷたがつくられたといわれている。正面は「鏡絵」と呼ばれる三国志や水滸伝などの武者絵、背面は「見送絵」と呼ばれる美人画が描かれる。

なぬかびおくり　「なぬかび」は7日のことで、十数台のねぷたが岩木川沿いの土手を運行する「ねぷた流し」のあと、河川敷で「なぬかびおくり」が行われ、祭りはフィナーレを迎える。ねぷたを燃やして炎で清め送る行事である。かつてはねぷたを川に流していたといい、これによって夏の悪疫を流した。

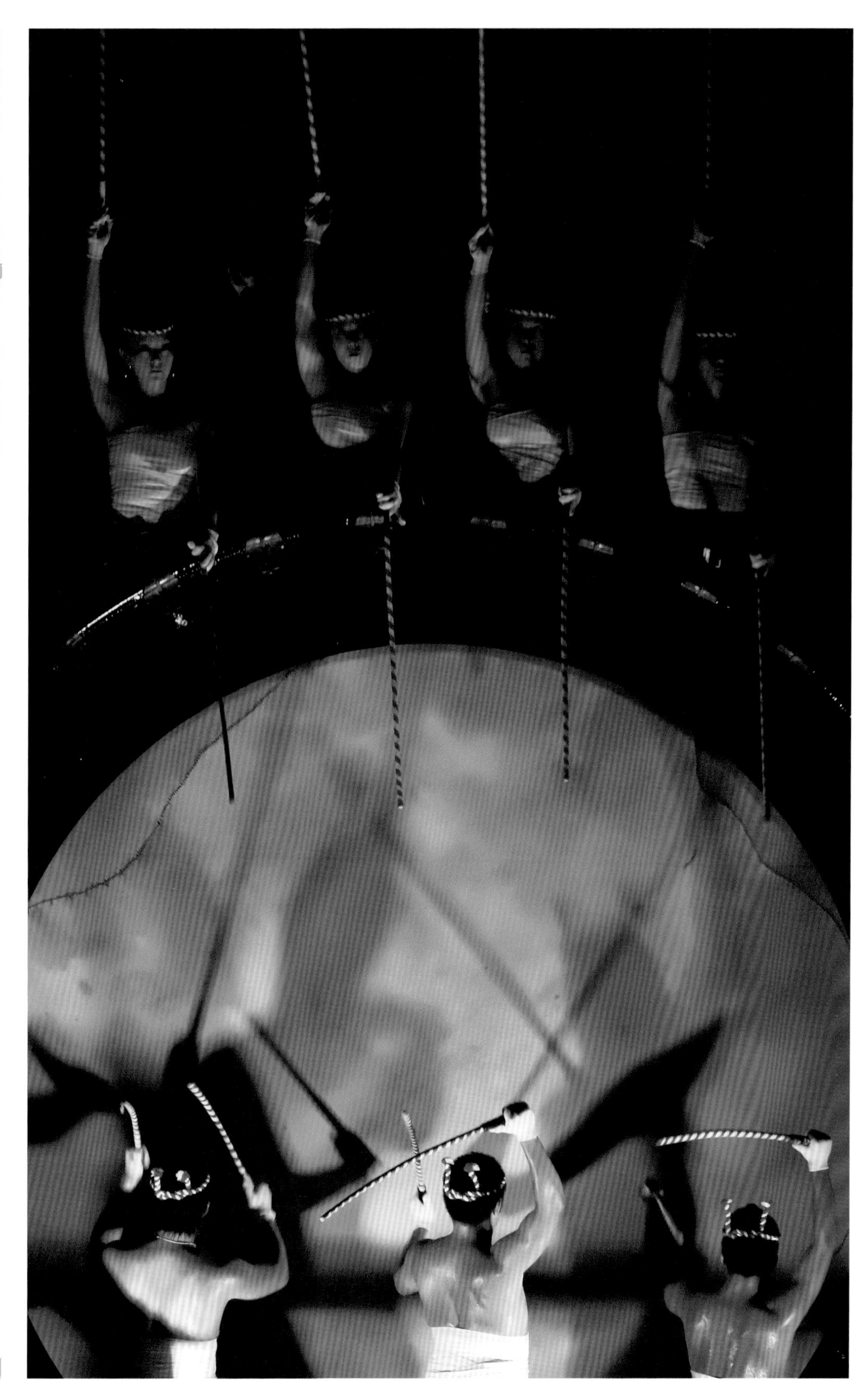

津軽情っ張り大太鼓　ねぷたパレードの先頭を切る超大型の太鼓。演奏者は太鼓の上にも、さらには裏面にも乗る。数人で叩くその音は空気を震わせ、まるで雷鳴さながら。見た目も迫力満点で扇ねぷたとともに弘前ねぷたのシンボルとなっている。ゆっくりと進み、照明に照らされた太鼓は神秘的でもある。

電飾の鮮やかな佞武多が聳え立つ

青森県五所川原市で行われる夏祭りの「ねぷた」。五所川原では聳(そび)え立つ「立佞武多(たちねぷた)」と呼ばれる高さ23m、重さ19tもの巨大な灯籠山車3台と、町内会や学校などの団体が制作する小型から中型のねぷたの合計約15台が市街地を練り歩く。「忠孝太鼓(ちゅうこう)」と呼ばれる大太鼓が先導し、立佞武多を載せた台車を数十人がかりで曳きながら運行する。このあとに太鼓、笛、手振(てぶ)り鉦(がね)から構成される囃し方と立佞武多の曳き手が「ヤッテマレ！ヤッテマレ！」の掛け声とともに続いていく。見どころは7階建てのビルにも相当する高さを誇る3台の大型立佞武多の運行で、電線の埋設や道路拡張などの工事が行われた見晴らしの良いコースを運行する様子は迫力満点。青森県の他のねぷた祭りと同様、七夕の「眠り流し」の行事が発展してきたものである。青森県内には、江戸時代末の巨大な黒石ねぷたの記録がある。五所川原独自の大型立佞武多は明治時代半ばの記録が残っている。

8月4日～8日／青森県五所川原市

五所川原立佞武多

青森県
五所川原市
義経伝説
龍馬渡
漢
宝くじ

立佞武多　五所川原の祭りの特徴は高さのあるねぷたである。大型立佞武多はそれぞれ神話や物語、歌舞伎の外題などを題材に制作され、3台のうち毎年1台ずつ新調されている。高さを誇るようになったのは明治時代とされ、当時の豪商や地主の力の象徴とされていた。現在の立佞武多は明治時代の写真を基に地元有志が平成8年から復元したもの。

忠孝太鼓　直径2.4mの大太鼓を2段重ねた上に立佞武多を載せた全長17mの「忠孝太鼓」。立佞武多の館から出陣する3台の大型立佞武多や、中小のねぷたを従えて街を練り歩く。街の中心での3台の大型立佞武多揃い踏みは圧巻。

夏の夜空に揺らめく七夕由来の巨大竿燈

秋田県秋田市で開催される「眠り流し」とも呼ばれる夏祭り。明治時代から「七夕」とか「竿燈」と呼ばれるようになった。現在の秋田竿燈まつりは4日間にわたり、長い竹を組んだ竿の先端に御幣をつけ、その下に数十個の提灯を吊るした「竿燈」とそれを操る「差し手」によるパフォーマンスが披露され、厄除けや五穀豊穣などを願う。差し手が手のひら、額、肩、腰へバランスを取りながら竿燈を移動させていく妙技や、太鼓、笛から構成される囃子方の演奏を競う「昼竿燈」と、大通りで約280本の竿燈が一堂に会する「夜本番」が行われる。見どころは「夜本番」で、通りを埋めつくす竿燈の揺らめく様は夏の風物詩となっている。「秋田の竿灯」の名称で国の重要無形民俗文化財に指定されている。もとは七夕の「眠り流し」の行事で、秋田市に近い能代市には「能代ねぶながし」という青森県の「ねぶた」と同類の祭りがある。秋田県湯沢市の「七夕絵どうろうまつり」も七夕の行事である。竿燈は、文献では寛政元（1789）年の紀行文に、十字に組んだ竿に提灯を付け町を練り歩いた記録がある。

8月3日〜6日／秋田県秋田市

秋田竿燈まつり

MITSUBISHI
朝日生命ビル

竿燈　竿燈の先端には御幣がつけられ、これ自体が神灯といえる。サイズは「幼若（ようわか）」「小若（こわか）」「中若（ちゅうわか）」「大若（おおわか）」の4種類があり、大若は高さ約12m、重さ約50kgで、46個もの提灯が吊るされる。提灯はすべて職人による手作りで、町ごとに縁起物などの町紋が描かれている。竿燈の御幣は7日早朝に旭川に流されて、災厄流しとなる。

竿燈囃子　竿燈まつりの囃子は太鼓と笛に鉦が加わることもある。特徴は太鼓を二人で叩くこと。竿燈の「差し手」は男性限定だが、「囃子方」は 今では多くの女性が参加するようになってきている。

竿燈の曲がり　現在は安全を考慮し、曲がりが制限されている。

夜本番　メインイベントは通称「夜本番」。竿燈大通りに竿燈が集結し、約60分間の竿燈演技が披露される。なかでも、およそ280本の竿燈が演技開始の合図とともに一斉に立ち上がる瞬間の美しさは必見。演技中は「ドッコイショー、ドッコイショ」の掛け声を掛け、竿燈演技を盛り上げる。

灯籠の優しい灯りと美しい踊りが織りなす幻想の世界

熊本県山鹿市に鎮座する大宮神社の例祭。山鹿市には、神社仏閣やお城などをかたどって、手すきの和紙と少量の糊だけでつくられる国指定伝統工芸品「山鹿灯籠」が伝えられている。なかでも一般的なのが金色の金灯籠（かなとうろう）であるが、16日には各町内が大宮神社に和紙の細工物を奉納する。この祭りに昭和29（1954）年から灯籠踊りが加わり、現在の山鹿灯籠まつりとなった。灯籠踊りは浴衣姿で頭に金灯籠を載せた女性たちが「主は山鹿の骨なし灯籠 よへほよへほ　骨もなけれど肉もなし よへほよへほ……」とうたう「よへほ節」の調べにのせ、艶やかに舞い踊る。クライマックスは特設会場で行われる圧巻の「千人灯籠踊り」で、幾重にも重なる灯籠の灯りの渦がつくりだす幻想的な雰囲気が見どころ。

8月15日・16日／熊本県山鹿市・大宮神社

山鹿灯籠まつり

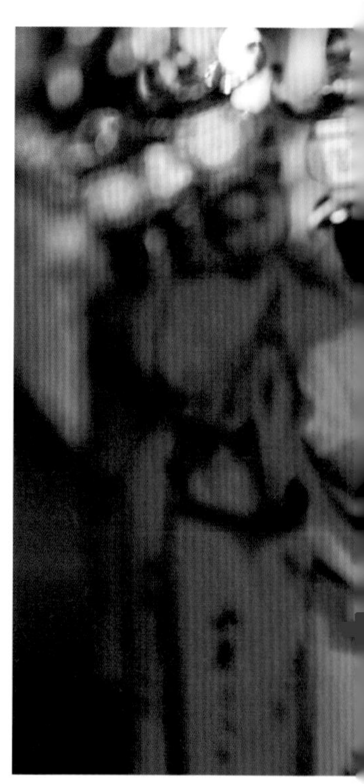

灯籠踊り　ゆったりとした情緒漂う「よへほ節」にのせ、金灯籠を頭に掲げた浴衣姿の踊り子たちが優雅でしなやかに踊る。踊り子が市内を踊り歩く流し灯籠踊りや、大宮神社境内で山鹿灯籠踊り保存会が一糸乱れぬ舞を奉納する奉納灯籠踊りがある。

上がり灯籠　2日目夜に各町から大宮神社へ灯籠を奉納する神事。灯籠を担いだ町衆たちの「ハーイとうろう」の勇ましい掛け声が響き渡る。この神事が祭りの根幹である。

千人灯籠踊り　小学校のグラウンドに櫓（やぐら）を建てた特設会場で開催される2日目夜の千人灯籠踊りは祭りのハイライト。山鹿市内在住の参加者約800人と市外からの参加者約200人で構成され、全員揃いの浴衣で櫓を中心に渦のように流れ、櫓では山鹿灯籠踊り保存会のメンバーが優雅に舞い踊る。

曳山

絢爛豪華、多彩な風流物

山車、屋台、笠、ヤマ(山)、鉾、ダンジリ(地車・壇尻)などと呼ばれるものに車輪を付けて曳いたり、担いだりする祭りは全国に2100ほどがある。これを東日本では山車、西日本ではダンジリ、両者の中間にある関東南部から東海、近畿地方では屋台と呼ぶことが多い。京都の祇園祭の山鉾行事、茨城県日立市の日立風流物など国の重要無形民俗文化財に指定されている33の祭りはユネスコの無形文化遺産に登録されているが、その名称は「山・鉾・屋台行事」で、複数の名称を併記している。2000を超える祭りがあることから、これは日本の代表的な祭りであるといえるが、ヤマには巡行せず据え置かれる「置山」もある。天皇の代替わりの大嘗祭では大嘗宮前に2基の「標山」が設えられる。こうした置山が後に曳山に変化したと考えられている。標山は平安時代後期の記録があるが、京都・祇園祭でのヤマの記録は貞治3(1364)年以降で、以後、室町時代には趣向を凝らす「風流」の考え方が加わり、町人の経済力が高まり、現在のような絢爛豪華で地域色豊かな曳山が生まれた。その曳き方には厳かにゆったりとか、熱狂的にスピードを競うなどがあり、曳山自体とともにどう曳くかが見どころとなる。

春秋の訪れを告げる、絢爛たる飛騨匠の技の結晶

高山祭は、春の日枝神社の例大祭「山王祭」と、秋の櫻山八幡宮の例大祭「八幡祭」の総称であり、それぞれ「春の高山祭」「秋の高山祭」と呼ばれる。山王祭では12台、八幡祭では11台の「屋台」と呼ばれる山車が曳き出され、総勢数百人による祭り行列やからくり奉納などさまざまな祭事が行われる。その豪壮さから「動く陽明門」と称され、国の重要有形民俗文化財にも指定されている屋台が並ぶ「屋台曳き揃え」や、100個以上の提灯を灯した屋台が古い街道を巡る「夜祭」「宵祭」が見どころ。春の山王祭では日枝神社の神が神輿に遷され、獅子舞や大太神楽、雅楽などとともに陣屋前のお旅所に渡御する。秋の八幡祭では桜町のお旅所まで渡御する。詳細な起源は不明だが、祭りは飛騨の領国大名だった金森氏の統治時代（1585〜1692年）に遡るとされ、屋台の始まりは享保3(1718)年頃と伝わる。祭り自体は「高山祭の屋台行事」として国の重要無形民俗文化財に指定され、ユネスコの無形文化遺産「山・鉾・屋台行事」のひとつにもなっている。

4月14日・15日（山王祭）、10月9日・10日（八幡祭）／岐阜県高山市

からくり奉納　曳き出される屋台のうち山王祭では3台（三番叟・石橋台・龍神台）、八幡祭では1台（布袋台）がからくり人形を備えており、祭り行事としてお旅所前や神社境内でからくり奉納が行われる。熟練の操り手が何本もの糸を操作して、童子や龍神、美女などの人形を生きているかのように操る妙技を披露する。

屋台曳き廻し　屋台が町内を巡行する「屋台曳き廻し」は、秋の八幡祭でのみ行われる行事である。毎年、神楽台・鳳凰台の2台と、布袋台を除く8台の中から交替で2台が選ばれ、計4台の屋台が櫻山八幡宮参道北の町内を曳き廻される。八幡祭で曳き出される11台のうち布袋台のみ、櫻山八幡宮境内でからくり奉納を行う。

御巡幸・御神幸　祭りの両日には、神様を乗せた神輿が氏子の繁栄を願い、町を巡行する祭り行列が行われる。祭り行列は、山王祭では御巡幸、八幡祭では御神幸と呼ばれ、神輿を中心に獅子舞や闘鶏楽、裃姿の警固など伝統装束を身に纏った総勢数百人の大行列が、雅楽やお囃子を奏しながら練り歩く。

布袋台　秋の八幡祭では唯一のからくり屋台。男女の唐子人形が3本の鉄棒を回転しながら渡り、布袋様の両肩に乗るという、高山祭で最も古いからくり屋台のひとつ。

真夏の京都にコンチキチンが鳴り響く

京都市東山区祇園町に鎮座する八坂神社の祭礼で、日本を代表する祭りのひとつである。7月1日の「吉符入(きっぷいり)」から31日の「疫神社夏越祭(えきじんじゃなごしさい)」まで、1か月にわたってさまざまな祭事が行われ、疫病退散が祈願される。17日の前祭(さきまつり)と24日の後祭(あとまつり)には、合計34基の「山」や「鉾」と呼ばれる豪華絢爛な山車が町中を優雅に練り歩く山鉾巡行がある。一方では八坂神社の神輿は10日に四条大橋の上で神輿洗式(あらいしき)が行われ、17日に3基の神輿が四条の御旅所に渡御し、24日まで奉安される。山鉾に関連する行事は「京都祇園祭の山鉾行事」として国の重要無形民俗文化財に指定され、ユネスコの無形文化遺産「山・鉾・屋台行事」にも登録されている。社伝では貞観(じょうかん)11(869)年の悪疫流行に際して神泉苑にて日本の国数である66本の矛を立て、当社より神輿を送って疫病退散を祈願したことによるという。祭りの記録は10世紀後半からで、現在のような山鉾は室町時代からと考えられている。山鉾のこれ以前の姿は12世紀後半の『年中行事絵巻』に描かれている。

7月1日～31日／京都府京都市・八坂神社

祇園祭

長

神幸祭・還幸祭　八坂神社の御祭神を遷す神輿渡御は、祇園祭の中心的行事である。前祭の山鉾巡行のあと、3基の神輿が八坂神社を出立し、氏子区域を所定の順序で御旅所まで渡御する。神輿はその後24日まで御旅所に奉安され、後祭で御旅所から八坂神社へと戻る。なかでもかけ声とともに高々と神輿が担ぎ上げられる勇壮な「差し上げ」は最大の見せ場。

宵山　山鉾巡行の前夜には、各山鉾町で山や鉾が飾られる。日が暮れる頃、山鉾の前後に取り付けられた駒形提灯に明かりが入り、「コンチキチン」という独特の節回しの祇園囃子が流れるなか、山や鉾、懸装品などを鑑賞することができる。各山鉾の由来によって異なるご利益があるお守りや、厄除けの粽を手に入れることもできる。

山鉾巡行　祇園祭のハイライトであり、神輿渡御に先立ち行われる行事。前祭で23基、後祭で11基が巡行する。前祭で先頭を行く長刀鉾の稚児が注連縄を太刀で切り落とす「注連縄切り」や、鉾が方向転換をする豪快な「辻廻し」が見どころ。山鉾は町中を巡行することで厄を集めるとされ、厄を留めないよう、巡行が終わって各山鉾町に戻り次第すぐに解体される。

Karasuma dori 烏丸通
Ryogaemachi dori 両替町通
烏丸五条
函谷鉾
山鉾巡行本部

両替町通
室町通
伯牙山
衣棚通
Koromotana dori
占出山
新町通

博多男の意気が集結した「山」が博多の町を駆ける

「博多祇園山笠」は福岡市博多区にある櫛田神社の例大祭の奉納神事で、7月1日の注連下ろしから15日の追い山までさまざまな行事が行われる。その中心となるのが、山笠と呼ばれる人形などの飾り物をつけて、組み上げられた山車の奉納である。山笠には飾り山笠と舁き山笠があり、後者は約3m四方の台に4mの松と人形が飾られ、水法被に締め込み姿の男たちが舁き手となり町中を疾走する。なかでも最終日の早朝から行われる「追い山」が見どころで、櫛田神社境内の清道をまわって境内を出るまでの「櫛田入り」は迫力満点。「博多祇園山笠行事」の名称で国の重要無形民俗文化財に指定されており、ユネスコ無形文化遺産に登録された「山・鉾・屋台行事」の33件のうちのひとつでもある。江戸時代初めの記録には永享3(1431)年の櫛田祇園に山笠が登場するが、言い伝えでは鎌倉時代の1241年、博多で疫病が流行した際に承天寺の開祖聖一国師が施餓鬼棚に乗り、市中の疫病退散を祈願して祈祷水をまきながら町をまわったのが始まりともいう。九州北部地方は祇園山笠の祭りが盛んで各地にあり、特に「博多祇園山笠」は規模も大きく、ここで取り入れられた衣装、いでたちなどは周辺地域に波及するという影響力を持っている。

7月1日〜15日／福岡県福岡市・櫛田神社

博多祇園山笠

祇園宮
大神宮
五番山笠 土居流
決戦大江山

お汐井取り　7月1日と9日、箱崎の浜では清めの神事「お汐井取り」が行われる。流ごとに長法被に締め込み姿の男衆が列を組んで箱崎浜へ向かい、お汐井（真砂）をテボという竹製のカゴにすくい取る。その後、筥崎宮で祭りを祈願した後、走って櫛田神社へ向かい、参拝する。

舁き山笠　10日・14日の「流れ舁き」と、追い山の舁き山笠は重さが約1tにもおよぶ。約3m四方の台座の上に武将像や神像などの人形と松の木を飾ったもので、人形は人形師によってつくられる。この舁き山笠を舁く者が着るのが水法被で、流や町の名や独自の図柄が染め込まれている。

追い山　博多祇園山笠のクライマックスの行事で、正式名称は「追い山笠」。最終日の早朝、一番山笠が櫛田入りを行うとその後5分おきに次々と各流が舁き出し、まだ夜が明けきらない博多の町を迫力満点に駆けまわる。追い山では櫛田入りから須崎町の「廻り止め」と呼ばれるゴール地点までの走破タイムが計測される。

大神宮
櫛田宮
祇園宮
三番山笠
土居流
武蔵坊辯慶

お

派手さと荒々しさで八幡っ子の血が騒ぐ

福岡県北九州市八幡西区にある岡田宮、春日神社、一宮神社に奉納される祇園山笠の祭り。黒崎地区の町内から各神社へと8基の山笠を奉納し、無病息災や悪疫退散を祈願する。4日間にわたって開催され、山笠を清めて祭りの無事を祈願する「お汐井取り」の神事や、各山笠が勢揃いする前夜祭、神幸行列が町内を練りまわる御神幸、曳き納めを行う解散式などが行われる。山笠の車輪を軸に曳きまわす動きの激しさから「けんか山笠」の異名を持ち、戸畑祇園大山笠や小倉祇園太鼓とともに北九州市を代表する祇園祭りとされている。なかでも山笠と太鼓競技会が一堂に会する解散式が見どころ。祭りを盛り上げるのは関ケ原の合戦の陣太鼓の調子を取り入れたといわれる祇園囃子で、大太鼓や小太鼓、鉦、ほら貝が奏でる独特な調子が特徴。伝承によると、春日神社と岡田宮に須賀大神を奉納した際、祭礼として町民山笠を制作したのが始まりといわれており、約400年の歴史を誇る。笹と杉葉による笹山笠が「お汐井取り」に使われるのが特色で、福岡県の無形民俗文化財に指定されている。

7月中旬〜下旬／福岡県北九州市・岡田宮、春日神社、一宮神社

黒崎祇園山笠

風林火山
山本勘助
上杉謙信

笹山笠　山笠の原型ともいえる笹山笠は上部に笹を立て、四方を杉葉の勾欄で囲み、梵天、幕、提灯などを付けたもの。海水で山笠を清めるお汐井取りの神事は笹山笠で行われる。

人形飾山　お汐井取りを終えると笹山笠はさまざまな人形などで飾られ、電飾を付けた豪華絢爛な人形飾山に変わる。

解散式　フィナーレを飾る解散式では8基の山笠が集結し、黒崎駅前で圧巻の曳き納めが披露され妙技を競い合う。山笠を担いで巡行するときに蛇行することを「練り」、車輪を軸にして山笠を右回りに曳きまわすことを「回し練り」といい、そのスムーズさや勇壮さが競技会の審査基準にもなっている。

旧城下町を練り歩く、ど迫力の「曳山」

佐賀県唐津市南城内に鎮座する唐津神社の秋季例大祭。11月2日の宵曳山（よいやま）から4日の翌日祭まで3日間にわたって開催され、各氏子町から合計14台の豪華絢爛な曳山が奉納され、笛や太鼓の賑やかな三ッ囃子（みつばやし）や威勢のいい掛け声とともに旧城下町を巡行する。もとは旧暦9月29日が祭日で、29の9をとって「くんち」となった。9月9日、19日、29日を「みくんち」といって全国的にはいろいろな行事や祭りがある。現在の祭日は昭和43（1968）年からであり、秋の収穫を感謝する祭りでもある。最大の見どころは3日の御旅所神幸で、神輿を中心に曳山が御旅所へと巡行する。なかでも西の浜にある御旅所への曳き込みと曳き出しは圧巻である。「唐津くんちの曳山行事」の名称で国の重要無形民俗文化財に指定され、ユネスコ無形文化遺産「山・鉾・屋台行事」のひとつとして登録されている。曳山は江戸時代の文政期（1818〜30年）以降のもので、文政2（1819）年に刀町の石崎嘉兵衛という人物が、伊勢参りの帰路で見た京都の祇園山鉾からヒントを得て曳山の「赤獅子」を制作し、奉納したといわれている。和紙に漆塗りを施した曳山には、町人たちの力があらわれている。

11月2日〜4日／佐賀県唐津市・唐津神社

唐津くんち

奉祝
平成二十七年
唐津神社御鎮座
千二百六十年
式年祭
本町
金獅子
弘化四年八月

御旅所神幸　唐津神社を出発した神輿の前後を14台の曳山が制作年代順に巡行していき、「エンヤ、エンヤ」「ヨイサ、ヨイサ」の掛け声とともに明神台の御旅所を目指す。御旅所への曳き出しと曳き込みが最大の見どころで、曳き子は砂地にめり込みながらも力一杯曳山を曳き、最高潮の盛り上がりを見せる。

曳山　唐津くんちでは「やま」と呼ばれ、和紙の上に漆を塗り、金箔などで仕上げられた極彩色の曳山は乾漆造の美術工芸品といわれる。14台それぞれが獅子や兜、亀、鯛などの個性豊かな形をしており、重さ2〜3tにもおよぶ曳山を町ごとに揃いの法被に身を包んだ数百人の曳き子が威勢よく曳きまわす。

宵曳山　見どころのひとつが1日目の宵曳山。日が暮れたころ、「赤獅子」が市の中心部の大手口から曳き出されると、各町の曳山も順番通りに行列に合流し旧城下町を進み、最後は14台の曳山が唐津神社前に勢揃いする。提灯の明かりに照らされて浮かび上がる曳山が醸し出す幻想的な雰囲気が観客を魅了する。

刀町
赤獅子
文政二年九月製

笠鉾と妙見の亀蛇が疾走、巡行する

熊本県八代(やつしろ)市に鎮座する八代神社の秋の祭礼。八代神社は明治4（1871）年以前は、妙見宮という社名で、これが祭りの名にもなっている。妙見祭では八代神社から御旅所である塩屋八幡宮までの神輿の渡御「お下り」と、御旅所からの還御(かんぎょ)「お上り」という神幸行事が2日間にわたって行われている。八代神社の神を遷(うつ)した神輿を中心に獅子舞や笠鉾、「亀蛇(きだ)」などが巡行する。笠鉾には菊慈童(きくじどう)、西王母(せいおうぼ)、猩々(しょうじょう)、蜜柑、恵比須、松などがある。亀蛇というのは「ガメ」の愛称で親しまれる亀の胴体に蛇頭を持つ想像上の動物で、妙見神が海を渡る際に乗ってきたという伝説をもとにつくられた全長約3m、幅2.5mのものである。八代神社近くの砥崎河原(とさきのかわら)での演舞で祭りはフィナーレを迎えるが、獅子舞の演舞や亀蛇が河原を疾走する場面がハイライト。北斗星を神格化した妙見神への信仰に基づく祭りであり、「八代妙見祭の神幸行事」として国の重要無形民俗文化財に指定され、ユネスコ無形文化遺産「山・鉾・屋台行事」のひとつになっている。起源は定かではないが、祭りは八代城に入城した細川三斎（忠興(ただおき)）が神輿を寄進したのをきっかけに発展し、元禄時代に整えられたという。

11月22日・23日／熊本県八代市・八代神社

八代妙見祭

神幸行列　行列は獅子舞や豪華な飾りの菊慈童などが施された9基の笠鉾、稚児の入った籠、奴、亀蛇など40の出し物で構成される。総勢約1700人もの人が1.5kmにもおよぶ行列をつくり、御旅所から八代神社までの約6kmの道のりを練り歩く。

馬追い　砥崎河原で勢子と人馬一体の疾走を披露する「馬追い」がある。豪快に水しぶきをあげて駆け抜ける迫力が見どころとなっている。

飾馬　砥崎河原の「馬追い」では色鮮やかな飾りの美しい飾馬が疾走する。この馬は「花馬」とも呼ばれ、江戸時代には城内から12頭出されていたというが、現在は地元有志の団体から奉納されている。

「走る芸術品」が駆け巡る、命がけの男の祭り

「ソーリャ、ソーリャ」の掛け声とともに100m以上もある曳き綱を数百人で曳いて駆け巡るのが岸和田だんじり祭（岸和田祭）。祭りには総数80台を超える豪華なだんじり（地車）が登場し、西日本各地のだんじり祭りのなかでも最大規模を誇る。その始まりは諸説あるが、300年ほど前に疫病退散を祈願し始まった岸城神社の祭礼（岸和田祭）が発展したという説と、時の岸和田藩主岡部長泰が、京都の伏見稲荷を城内に勧請し、元禄16（1703）年に氏子がだんじりを城内に入れた稲荷祭からが有力とされる。だんじりの登場は約270年前の延享3（1746）年ともいわれている。その後、ほぼ同時期に行われていた岸和田天神宮、弥栄神社の例祭でもだんじりを出すようになり現在の祭りの形となった。祭りは9月の旧市内を中心としたものと岸和田市広域の町が参加する10月のものと年2回行われる。だんじりには手のこんだ組手と彫刻が施され、台の側面には合戦などの姿を描いた彫刻もあり、木工の芸術品ともいえる。大屋根の下には太鼓、鉦、笛の囃子方も乗り、その音曲に合わせて曳かれるが、スピード感とその勢いに乗ったまま角を直角に曲がる豪快な「やりまわし」、さらに町ごとに揃えた法被や、女性や少年団の編み込みヘアも見どころ。

9月敬老の日直前の土・日曜日、10月体育の日直前の土・日曜日／大阪府岸和田市

岸和田だんじり祭

橋本
橋本

やりまわし　祭りの最大の見どころである「やりまわし」では、青年団が進行方向に綱を曳き、前梃子が内側の前輪の回転を抑えて旋回のきっかけをつくり、後梃子が大工方の合図でだんじりの向きを全力で変えるなど、全員がタイミングを合わせることで、猛スピードで角を曲がることを可能にしている。

危険度日本一　だんじりのスピードを落とすことなく方向を変える「やりまわし」では全員の息のあった技術が必要とされるため、たまに曲がりきれず、だんじりが横転することや建物に衝突することも。この「危険さ」もこの祭りの醍醐味。

曳き手　高さ4m、重さ4tものだんじりを勢いよく曳くために、だんじりのすぐ前で綱を曳く綱元、後ろで方向転換を司る後梃子、車輪に梃子を差し込みだんじりをコントロールする前梃子など、曳き手はさまざまな役割を担っている。なかでも、屋根に乗り、団扇(うちわ)を手に舞いながら後梃子に指示を出す大工方は祭りの花形である。

西条市内を埋め尽くす、日本最大数の「だんじり」

愛媛県西条市に鎮座する伊曽乃(いその)神社、嘉母(かも)神社、飯積(いいづみ)神社、石岡神社の例祭の総称。合計150台ほどの屋台型の「だんじり」が市内の氏子各町から各神社へ巡行し、五穀豊穣を感謝する祭り。時代絵巻の透かし彫りが特徴的なだんじりや刺繍の施された豪華な「みこし」・太鼓台が市内各所を練り歩く。石岡神社のだんじりは約30台、「みこし」は2台で、市街地中心部の伊曽乃神社では約80台のだんじりと「みこし」が神社に集結する。ひとつの神社に巡行する台数としては日本一ともいわれる。クライマックスは加茂川への「川入り」で土手に並んだ約60台の屋台が見守るなか、御神輿(ごしんよ)と競り合うだんじりの様子は壮観である。早朝や夕暮れ時にはだんじりや「みこし」などに提灯の明かりが灯され、その幻想的な雰囲気も見どころのひとつ。文献記録上では寛延3(1750)年に「楽車」「壇尻」が出てくる。石岡神社の1757年の文献にも屋台や笠鉾(かさぼこ)などの記録が残っていることから、江戸時代中期にはだんじりなどの屋台を伴う祭りであったと考えられている。

体育の日前々日～10月17日／愛媛県西条市・嘉母神社、石岡神社、伊曽乃神社、飯積神社

西条まつり

中之段
総代
青年団
七番 中之段

太鼓台と「みこし」　嘉母神社や飯積神社の祭礼で登場する太鼓台は金糸の刺繍が施された飾り幕と大きな絹の房が四方に飾られている。太鼓台を差し上げて競い合う、勇ましいかきくらべを各所で見ることができる。太鼓台とよく似た屋台で、大きな木の車輪がついた独特な形状のものは「みこし」（御輿楽車）といい、豪快な走り込みが見どころ。

だんじり　西条まつりの主役ともいえる「だんじり」は2階から3階の高欄を巡らせて武者絵や花鳥などの透かし彫りの彫刻で飾られた屋台。一般的なだんじりとは異なり車輪がついておらず、担ぎ棒で担がれる。奉納時には複数のだんじりを高々と担ぎあげ、差し上げを競い合う「かきくらべ」が行われる。

川入りするだんじり　加茂川に入るだんじりは伊曽乃神社お膝元の神戸地区の11台。このだんじりが伊曽乃神社の御神輿が川を渡るのを阻んでいる。

中野
総代
一番中
一番
寿団
神火将軍

秋空に天高く舞う黄金色の太鼓台

新居浜市内の8地区が「太鼓台」と呼ばれる大型の担ぎ屋台を繰り出す秋祭り。「太鼓台」の名は、その下部の台に太鼓を据えていることによるが、台の上部には高欄（こうらん）を設え金糸の立体刺繍を施した幕を取り付け、上端からは大きな白房を吊っている。長さ12～13m、高さは約5.5mにもおよび、男衆150人余りの「かき夫」が担いで練り歩く。市内には54台の太鼓台があり、各地区に分かれて太鼓台の「かきくらべ」を行う。かきくらべとは、複数の太鼓台が一堂に会し、太鼓に乗った指揮者の指示に合わせて重さ約3tの太鼓台を担ぎ上げ、両手を伸ばして頭上高く持ち上げる「差し上げ」などのパフォーマンスを競い合う、男衆の力比べ、技比べである。太鼓台はもともと、神輿に供奉する屋台の一種だったが、明治時代の中期から大型化が進み、巨大なものとなった。現在の形式になったのは昭和40（1965）年からで、豊年の秋を感謝する祭りとなっている。

10月16日～18日／愛媛県新居浜市

新居浜太鼓祭り

中筋
中筋
中筋
中筋
中筋

高祖

池田
池田
池田

水面に映えるゆらめく灯りと荘厳華麗な祭舟

津島神社は京都の八坂神社とともに日本の代表的な疫病退散・厄災除けの神を祀る。牛頭天王の信仰に基づいて始まった祭りであることから「天王祭」と呼ばれる。7月第4土曜日に行われる「宵祭」とその翌日の「朝祭」が中心的な行事であり、2艘の舟を並べた上に屋台を載せた「車楽」と呼ばれる舟山車の巡航が見どころとなっている。宵祭では一年を示す365個（実際は約500個）の提灯をドーム形に飾りつけた巻藁船5艘が、朝祭では能の出し物をかたどった置物（能人形）を飾った車楽舟6艘が、楽を奏しながら天王川を漕ぎ渡る。日付としては朝祭の翌日となる深夜には「神葭流し」の神事が行われる。これは宵祭の3日前に神殿の「神葭」を新しいものと交換する神事を行い、古い神葭を天王川に流す神事である。これが津島神社独特の厄送りである。宵祭と朝祭は、「尾張津島天王祭の車楽舟行事」として国の重要無形民俗文化財に指定され、ユネスコ無形文化遺産「山・鉾・屋台行事」のひとつとなっている。

7月第4土・日曜日／愛知県津島市、愛西市・津島神社、天王川公園

尾張津島天王祭

経済繁栄を示す豪華な笠鉾・屋台が織りなす極彩色の冬の夜

秩父の総鎮守としての歴史を持つ秩父神社の例大祭が秩父夜祭。江戸時代中期の享保年間（1716〜36年）には山車が建造されていたという記録が残る。かつては旧暦11月1日から6日までの絹大市にあわせて行われており、生糸や絹織物で栄えた当時の秩父の繁栄を示す祭りであった。宵宮、本宮の2日間にわたって、神輿の神幸や付祭りとして2基の笠鉾と4基の屋台の巡行、神楽の奉納などが行われる。豪華絢爛な笠鉾と屋台は、国の重要有形民俗文化財に指定され、秩父神社の神楽とともに「秩父祭の屋台行事と神楽」の名称で国の重要無形民俗文化財であり、ユネスコの無形文化遺産「山・鉾・屋台行事」のひとつになっている。屋台囃子をとどろかせながら街中を曳きまわされるこの屋台は左右両側に舞台を張り出し、歌舞伎が披露されるという特殊な構造をもつ。御旅所への巡行で笠鉾と屋台が傾斜25度の急な団子坂を曳き上げられるのがクライマックス。夜ともなれば花火も打ち上げられ、夜空に浮かび上がる笠鉾と屋台の極彩色の装飾は、この祭りが「秩父夜祭」として知られる所以である。

12月2日・3日／埼玉県秩父市・秩父神社

秩父夜祭

上町
奉祝 令和御大典

神輿

社殿を設けて神を祀るようになるのは奈良時代半ばあるいは平安時代からで、これ以前は樹木や岩、何らかの構築物を依代や神籬とし、ここに神を迎えて祭りを行ったと考えられる。社殿がなかった時代の神祭りは、こうした依代や神籬で神を表現し、これらの移動が渡御であった。「神輿」は「御輿」とも書いて、「みこし」とも「しんよ」ともいうが、「みこし」は乗物である輿を敬った表現で、「しんよ」は神輿の音読みである。これが文献記録に出てくるのは10世紀中頃からで、『本朝世紀』には屋根を桧皮と桧葉で葺き、鳥居を取り付けた神輿が記されている。この時代には現在につながる神輿の形式が出来あがっていて、その歴史は曳山より古い。先にあげた樹木などによる依代や神籬の神輿は、現在の祭りにも見られ、長い歴史過程のいくつもの神輿が併存しながら現在に至っている。神輿の祭りの見どころはこうした神輿の形式と、もうひとつはその担ぎ方である。担ぎ方と掛け声には時代による変化があるが、暴れ神輿などといい、神輿を大きく揺するのは神威を高める行為、夏祭りの神輿にしばしば見られる海や川に入るのは中に鎮座する神の力の更新である。

祀り担ぐ神座

将門と家康が見守り、お江戸が熱狂する

千代田区外神田にある神田神社の例大祭。神田明神の名で親しまれ、一之宮から三之宮まで三柱の神を祀る。祭りは丑、卯、巳、未、酉、亥年開催の「本祭」と十二支のこれ以外の年に行われる「蔭祭（かげまつり）」があり、この形式になったのは天和元（1681）年からという。本祭では3基の鳳輦（ほうれん）神輿を中心に渡御行列が神田・日本橋氏子地域を巡行する神幸祭や、約200基の氏子町内の神輿が宮入参拝する神輿宮入、趣向を凝らした曳きものの山車や仮装行列など「附け祭」と呼ばれる出し物、氏子の幸せと日本の繁栄や平和を祈願する大祭式典など、さまざまな行事が行われる。蔭祭では神幸祭や神輿宮入は行われない。見どころは3基の神輿や山車などの行列が氏子108町会を巡り祓い清める神幸祭。神田神社は元は大手町付近にあったが、江戸時代に江戸城の鬼門にあたる現在地に遷座されたという。こうしたことから36台もの山車が江戸城に入り、徳川将軍家の上覧があったことから日枝神社の山王祭とともに「天下祭」と呼ばれた。祭りはかつては9月15日に開催されていたが、明治時代末より5月となった。

5月中旬の土曜日／東京都千代田区・神田神社

淡路町二丁目
奉

神幸祭　神田神社の祭神大己貴命、少彦名命、平将門命がそれぞれ一之宮、二之宮、三之宮の鳳輦神輿へ遷され、諫鼓山車や獅子頭山車など、総勢300名からなるきらびやかな時代行列とともに各町会を巡り祓い清める。

町会　衣装は町ごとにテーマを決めて揃える。オフィスの多い地区でもあり、神田周辺の企業の社員たちも参加する。パレードは下町から秋葉原、神田、日本橋といった日本の経済の中心地を練り歩き、途中、大手町では平将門の「将門塚」で奉幣の儀などの神事を行い、約30kmにもおよぶ道のりを巡行する。

附け祭　江戸時代に流行した能や浄瑠璃などを取り入れた踊り屋台や曳きものの山車、仮装行列などからなる行列が附け祭。日本橋中央通り付近で神幸祭の行列に合流する。地震にまつわる「大鯰と要石」などさまざまなキャラクターも登場し、人気を博している。

1万人の担ぎ手の掛け声響く、神輿の祭典

東京都台東区にある浅草神社の例大祭。前日は神輿への神霊入れ、1日目は室町時代の田楽芸の姿を伝える「びんざさら」やお囃子屋台などが練り歩く「大行列」、そして2日目には氏子44町会の神輿約100基が浅草各町に繰り出す「町内神輿連合渡御」が行われる。さらに最終日には、浅草神社の3基の本社神輿「一之宮」「二之宮」「三之宮」が担ぎ出され、西、東、南の3方面に分かれて渡御する「本社神輿各町渡御」があり、ここが一番の見どころ。重さ1tほどの3基の神輿は、1万人以上に及ぶ担ぎ手の威勢のよい掛け声とともに荒々しく揺さぶられながら各町を巡行し、日没後に神社に戻り、祭りはフィナーレを迎える。浅草神社こと三社権現は、浅草寺縁起にある宮戸川（隅田川の浅草周辺の古い呼び名）からご本尊の観音菩薩を引き上げて祀った3人を主祭神（三社様）とし、鎌倉時代の正和元（1312）年に、船に神輿を載せて隅田川を渡御した船祭りが始まりとされる。かつては浅草寺と一体の祭りとして観音祭や浅草祭と呼ばれ、浅草寺の本尊が示現した3月18日を中心に行われていたが、明治5（1872）年に現在の5月に大行列や神輿渡御が行われるようになった。

5月中旬の金・土・日曜日の3日間／東京都台東区・浅草神社

お札お守

大松明に映える華麗なキリコと暴れ神輿

能登町に鎮座する宇出津（うしつ）八坂神社の祭礼。酒垂（さかたる）神社と白山神社の氏子たちが宇出津各町内の40基ほどの「キリコ」と呼ばれる奉燈、八坂神社の神輿を2日間町内で練りまわし、疫病退散を祈願する。大松明の火に映えるキリコや、火や水の中を暴れまわる神輿が見どころ。「あばれ祭」といわれるのはこの暴れる神輿によるもの。能登半島には80ほどのキリコ祭りがあるが、そのなかでも飛び抜けて豪快なことでも知られる。この地方では7月から10月にかけて各地でキリコ祭りが行われており、これらは国の記録作成等の措置を講ずべき無形の民俗文化財に選択され、日本遺産のひとつにも認定されている。現在のようなキリコは江戸時代の19世紀初めからで、宇出津や珠洲（すず）市一帯の祭りは七夕と結びついている。宇出津のキリコ祭りは疫病流行のときに京都祇園社（八坂神社）から牛頭（ごず）天王を勧請し祭礼を行った際に大きな蜂が病人を刺したところ、病気が治ったことから神の使いと感謝し、キリコをつくって練り歩いたことが始まりと伝えている。

7月第1金・土曜日／石川県能登町・宇出津八坂神社

あばれ祭

揚明輝

宵祭り　いやさか広場へと向かう前、宇出津の全キリコは棚木海岸に勢揃いする。その列の長さは延長1km近くにもなる。花火が打ちあがると宵祭りが始まる。

キリコ大松明乱舞　祭り初日の宵祭り、約40基のキリコが海岸にあるいやさか広場に勢揃いすると、高さ7mにもなる5本の柱松明に点火される。柱松明の火の粉を浴びながら笛や太鼓、鉦の囃子にあわせて「イヤサカヤッサイ、サカヤッサイ」の掛け声とともに華麗なキリコが柱松明のまわりを巡る。

暴れ神輿　白山神社、酒垂神社を出発した2基の神輿がキリコを前後に従え町内を練り歩く。「チョーサ、チョーサ」の掛け声とともに地面に叩き付けられ、水や火の中に投げ込まれ暴れまわる。なかでも町を流れる梶川の橋の上から神輿を川に投げ込み、水中で転がしたり乗ったりする豪快な暴れっぷりが祭りのハイライト。

神威を高める練り合わせの神事

姫路市白浜町に鎮座する松原八幡神社の秋季の例大祭。「灘まつり」、「灘のけんか祭り」とも呼ばれる。宵宮と本宮の2日間にわたって、7台の屋台の宮入、御旅山への渡御などが行われる。なかでも神輿のと屋台それぞれの「練り合わせ」が見どころ。けんか祭りと呼ばれるのは、神輿をぶつけあう練り合わせの神事があることによる。宵宮の14日に出る豪華絢爛な屋台は「ヤッサ」とも呼ばれ、氏子地域の「灘」と総称される旧7ヶ村（東山、八家、木場、宇佐崎、中村、松原、妻鹿地区）から出される。本宮15日の神輿は「練り番」と呼ばれる輪番制の地区の男衆によって担がれる。宵宮の朝には、「潮かき」といい、神輿を担ぐ人たちは大幟を立てて海に入って禊を行う。本宮の小高い御旅山への獅子屋台と神輿の渡御は壮観で大観衆ともども「練り合わせ」の熱気に包まれる。松原八幡神社は、古くは石清水八幡宮の荘園だった松原荘の鎮守で、この祭りは神功皇后の船が寄港したことによると伝えられている。

10月14日・15日／兵庫県姫路市・松原八幡神社

灘のけんか祭り

獅子壇尻　獅子舞を演じる地区では大幟に獅子壇尻が続き、この後に屋台となる。

神輿の練り合わせ　宮入をすませて練り場へと渡御すると、最大の見せ場である神輿合わせが行われる。300kg超の3基の神輿を押しながら激しくぶつけ、屋根が潰れ、装飾が取れてボロボロになってしまうほど壮絶な練り合わせを繰り広げる。激しい練りを終えた神輿や屋台は御旅所で神事を行った後、御旅山を下っていく。

宵宮　各地区の屋台は町内を一巡して宮入が終わると、日没まで屋台の練り合わせが行われる。地区ごとに色鮮やかな先端に色紙をつけたシデダケに囲まれた屋台は「ヨーイヤサー」の掛け声とともに高々と差し上げられ、激しく練り競う。

夜の楼門前　日が暮れるころには電飾が灯り、よりきらびやかな屋台を見ることができる。

宝橋　宝橋
今井建材店

「水の都」大阪の夏を彩る日本有数の船渡御

大阪市北区天神橋に鎮座する大阪天満宮の例祭。北、南、天満という大阪の中心地の「天満」にあって、宵宮の24日、本宮の25日を中心に約1ヶ月にわたりさまざまな行事が行われる。御鳳輦に祭神である菅原道真を遷しての陸渡御と船渡御を中心に、地域の安泰と繁栄を祈願する祭りである。陸渡御は催太鼓が先導し、御鳳輦を中心に神鉾や獅子舞、鳳神輿など総勢約3000人の行列をつくり、大阪天満宮から船渡御の乗船場がある天神橋まで練り歩く。陸渡御のあとの船渡御では御鳳輦を載せた御鳳輦奉安船や船上で能などを奉納する舞台船など100隻あまりの船が大川を航行する。船渡御に合わせた打上花火も人気の的になっている。社伝によれば平安時代の951年、大阪天満宮鎮座の2年後に社頭の浜から神鉾を流し、神鉾漂着地で祭りを行う際に、神領民などが船を仕立て、神霊を迎えたことが起源とされている。室町時代後期にはよく知られた祭りとなっており、古い歴史を持つ。船渡御では江戸時代に180㎝ほどの人形を載せた御堂船が50隻ほど出ていた。

7月24日・25日／大阪府大阪市・大阪天満宮

天神祭

市民花火船
天神祭
天神祭
天神祭
市民花火船
奉祝 天神祭
天神祭奉納花火桟敷船
大阪天満宮

鉾流神事　宵宮の早朝、斎船で大川の中ほどに漕ぎ出し、神童が神鉾を流して神意を伺うとともに、神職が形代を流して市民の無病息災や平穏、祭りの無事を祈願する。天神祭の起源にまつわる重要な神事であり、祭りの開幕を告げる神事として厳かに行われる。

催太鼓　天神祭のお触れ太鼓である催太鼓は真紅の投げ頭巾を被った願人が6人一組になり太鼓台に乗って「チェサジャー」「ソコジャー」の掛け声とともにいせいよく太鼓を打ち鳴らす。太鼓台の下に差し込んだ丸太を軸に、大きく上下左右に揺らしながら太鼓を叩く豪快な技「からうす」が何度も披露される。

船渡御　御鳳輦を乗せた奉安船や催太鼓を乗せた催太鼓船、自由に航行する手漕ぎのどんどこ船などおよそ100隻の船が大川を行き交う船渡御が始まる。途中、奉安船上で行われる「船上祭」では神霊に氏子の暮らしぶりを見てもらい、加護を祈願する。夜空を彩る約3000発もの奉納花火も見どころのひとつ。

陸渡御　催太鼓に先導され、御鳳輦、神鉾や獅子舞、鳳神輿、玉神輿などの大行列が大阪天満宮から船渡御の出発点、天神橋まで練り歩く。写真は鳳神輿。

神輿が泥のなかを暴れまわり、悪疫退散祈願

上尾市平方の上宿地区に鎮座する八枝(やえだ)神社を中心に行われる夏祭り。これは八枝神社の祇園祭で、神社の神輿と白木造りで装飾のない「いんきょ神輿」が町内を渡御する。「お山出し」といって八枝神社を出発し、渡御には囃子連も同行し囃子を奏でる。途中、町内各所に設けられた神酒所(みきしょ)に立ち寄り、そのうち5か所で「どろいんきょ行事」を行う。どろいんきょ行事では、大量の水をまき、ぬかるんだ泥状にした民家の庭先にいんきょ神輿を投げ込み、勢いよく倒したり転がしたりして泥だらけにする。初めにいんきょ神輿に御神酒と水をかけ、さらに10〜12人の神輿の担ぎ手たちも水をかけられながら泥だらけになり、トンボガエシやタテガエシといった転がし方で神輿を激しく揉み合う勇壮な姿が見どころ。この泥を浴びると家内安全や無病息災、悪疫退散のご利益があると伝えられている。いんきょ神輿を立てて山車のように曳いたりその上で芝居の役者を演じてみせたり、いんきょ神輿を担いで荒川に入ることもあり、多彩な内容をもっている。

7月中旬の日曜日／埼玉県上尾市・八枝神社

平方祇園祭の どろいんきょ行事

巨大な御網代輿が大石段を滑り降りる、西日本屈指の荒祭り

山口県防府市に鎮座する防府天満宮で行われる神幸祭。平安時代に無実の罪で左遷された菅原道真公の御霊を慰めるための神事であり、別名「裸坊祭」。約5000人の裸坊と呼ばれる白装束姿の男衆が「兄弟ワッショイ」の掛け声とともに、御神体を奉じた御網代輿と二基の神輿を担いで2.5kmほど離れた勝間の浦の御旅所（浜殿）まで渡御し、浜殿神事を行ったあと再び市内を巡行して帰還する。勝間の浦への神幸は、道真公が上陸された地という伝承に由来する。祭りでは神幸祭に先立った10月に新穀による新酒を「花神子」が奉納するなど、いくつもの特色があるが、注目を集めるのは神幸の出発で、重さ500kgの御網代輿が裸坊に引かれて58段の大石段を地響きを立てながら滑り降りる「御発輦」は豪快で迫力満点。祭りの始まりは古く、道真公が亡くなって約100年後の寛弘元（1004）年、道真公本州最後の寄港地であるこの地に、一条天皇より勅使が遣わされて御霊を慰める祭祀「勅使降祭」が行われ、初めて天皇から無実の罪であることが奏上されたのを起源と伝え、以来現在に至るまで1000年以上受け継がれている。

11月第4土曜日／山口県防府市・防府天満宮

防府天満宮御神幸祭

献燈
大村印刷(株)
協和発酵バイオ(株)
(株)山口銀行
KYOWA
マツダ
山口合同ガス
(株)原工務店
防府商工会議所
青年部
防府商工会議所

渡御

「渡御」というのは、基本的には神の巡行のことで、神輿の祭りはすべてが渡御の祭りである。この祭りは神輿のあり方だけでなく、神幸である渡御の姿が重要となる。あえて「渡御」の章を設けたのはそのためだが、渡御には神幸ではなく、貴人や神人の渡りの祭りもある。その代表的な祭りが1000年以上の歴史をもつ京都の「葵祭」で、御所を出発した斎王代が多くの従者とともに賀茂御祖神社と賀茂別雷神社へ渡り、それぞれで例祭が執り行われる。この形式の渡御の祭りは多くはないが、たとえば神奈川県大磯町で行われている相模の国府祭には国司の渡りの場面がある。島根県のホーランエンヤは、城山稲荷神社の神が阿太加夜神社との間を大橋川・中海を伝わって水上渡御する祭りである。水上渡御は大阪の天神祭も同じであるが、ホーランエンヤは櫂伝馬踊りなど独特の渡御の内容をもっている。また、長野県諏訪の「御柱祭」を渡御とするのは、山で伐った神木の「御柱」を諏訪大社四社へ曳く姿が重要だからである。神輿の渡御は、現在では本社から御旅所へという形をとるのが一般的だが、古い形式は他所で迎えた神を本社へ迎えるもので、7年ごとの御柱祭の渡御はこれに近いといえる。

類い稀な渡りの祭礼

新緑の京の都に映える、色鮮やかな王朝絵巻の渡御

葵祭は京都市に鎮座する賀茂御祖神社（下鴨神社）と賀茂別雷神社（上賀茂神社）の例祭で、正式には「賀茂祭」という。平安時代中頃には「祭り」といえば、この祭りのことであった。社殿や祭りの奉仕者、牛車などにフタバアオイの葉を飾ることから「葵祭」と呼ばれている。天皇の勅使を中心とした行列が京都御所から下鴨神社、上賀茂神社へと参詣する「路頭の儀」と、両神社境内での勅使の御幣物の奉納などからなる神事「社頭の儀」が行われ、国家安泰や国民の安寧が祈願される。注目すべきは例祭に先立ち、前儀と呼ばれるさまざまな神事が両社で行われることである。これには流鏑馬神事・歩射神事（下鴨神社）、賀茂競馬（上賀茂神社）、御蔭祭（下鴨神社）、御阿礼神事（上賀茂神社）などがある。多くの見学者があるのは路頭の儀で、勅使、斎王代など平安装束に身を包んだ約500人の行列に牛車などが加わり、優雅に都大路を練り歩く様子が見どころ。起源は欽明天皇の時代、凶作となり疫病が流行した際、賀茂大神の祟りだとの占いから勅使を遣わして祭礼を行ったところ安寧と豊穣がもたらされたこととされる。

5月15日／京都府京都市・賀茂御祖神社、賀茂別雷神社

路頭の儀　ハイライトは京都御所から下鴨神社を経て上賀茂神社まで約8kmの道のりを行列する「路頭の儀」。行列は勅使を中心として、行列の警備をする検非違使（けびいし）や勅使の乗る牛車、大きい傘に牡丹などの花を飾り付けた風流傘からなる「本列」と、斎王代を中心とした美しい女人列の「斎王代列」から構成されている。

斎王代　祭りのヒロインともいえる斎王代は、もとは皇室から内親王が賀茂神社へ奉仕していた「斎王」の代理として年ごとに京都市内の未婚の女性から選ばれ、祭りに奉仕する。五衣裳唐衣（いつつぎぬものからぎぬ）と呼ばれる十二単（じゅうにひとえ）を身にまとい、「腰輿（およよ）」という輿に乗って華やかに行列を彩る。

社頭の儀　「路頭の儀」で勅使列、女人列が下鴨・上賀茂神社に入ると斎王代と女人列の一行は、神社の神服殿（しんぷくでん）と呼ばれる建物に入り、着座する。この前の舞殿で勅使が御祭文（ごさいもん）を奏上し、御幣物を奉納する「社頭の儀」が行われる。下鴨神社では5月3日に流鏑馬神事も行われる。

色鮮やかな大船団が川面を染めての渡御

松江市で10年に1度行われる城山稲荷（じょうざんいなり）神社の式年神幸祭。豊作を祈願し、約100隻の船が1㎞に及ぶ大行列をなして大橋川と意宇川を神幸する日本最大級の船渡御の祭り。祭りは9日間行われ、松江城内に祀られた城山稲荷神社の御神霊が、宍道湖（しんじこ）と中海をつなぐ大橋川から中海を経て意宇川に入り、約10km離れた阿太加夜（あだかや）神社まで渡御する「渡御祭」、阿太加夜神社における7日間の大祈祷とその中日の「中日祭（ちゅうにちさい）」、再び船で城山稲荷神社に送る「還御祭」の３つの場面で構成されている。見どころは、色とりどりに装飾された5隻の「櫂伝馬船（かいでんません）」の上で披露される勇壮華麗な「櫂伝馬踊り」。この踊りには歌舞伎風の姿での「剣櫂（けんがい）」と女形の姿での「采振り（ざいふり）」がある。「ホーランエンヤ」の名前は、櫂伝馬船の漕ぎ手の掛け合いの音頭に由来するといわれ、「豊来栄弥（ほうらいえいや）」や「宝来遠弥（ほうらいえんや）」とも書かれる。慶安元（1648）年、大凶作を危ぶんだ当時の松江藩主・松平直政が城山稲荷神社の御神体を船に載せて阿太加夜神社まで運び、五穀豊穣を祈願させたのが始まりとされる。

5月中旬（式年）／島根県松江市

ホーランエンヤ

櫂伝馬踊り　櫂伝馬船の上で太鼓や唄にあわせて踊る櫂伝馬踊りは、松江市の無形民俗文化財に指定されている。船先では横綱を締めた歌舞伎役者姿の「剣櫂」が剣を模した1mほどの櫂を操り勇ましく踊り、船尾では女姿の「采振り」が采と呼ばれる布や紙をつけた竹の棒を振って、限界まで身を反らせしなやかに舞う。

船員　総勢40〜50名の櫂伝馬船の乗組員は全て男性。踊り手の剣櫂と采振りのほか、船長の伝馬長、舵取りの練櫂、舟唄の音頭を取る音頭取り、囃子方の太鼓、漕ぎ手の櫂搔などで構成される。なかでも、船首にまたがる水先は、それぞれの船で独特な化粧と衣装となっている。

櫂伝馬船　神輿船にお供し、お守りする役目の櫂伝馬船は、「五大地」と呼ばれる、馬潟（まかた）、矢田、大井、福富、大海崎（おおみさき）の5つの地区から繰り出される。最も大きいもので長さ約15m、幅3mにもなり、船体は宝珠を取り付けた棹（さお）を立て、色とりどりの吹き流しや幟（のぼり）、旗などで華やかに飾り付けられる。

7年毎に諏訪地方が熱狂する御柱の曳行と建柱

長野県諏訪市と茅野市、下諏訪町に鎮座する諏訪大社で寅と申の年に斎行される祭り。御柱祭（おんばしら）と呼ばれるが、正式名称は「式年造営御柱大祭（しきねんぞうえいみはしらたいさい）」。約2か月にわたって、諏訪大社の宝殿の造営と、山から伐り出した「御柱」と呼ばれるモミの巨木16本を人力で曳行し、上社の前宮・本宮、下社の春宮・秋宮あわせて4つの宮それぞれの社殿の四隅に御柱を建て替える神事が行われる。6年に一度の祭りで祭り年以前の年に上社、下社がそれぞれ御柱の見立てを行う。伐り出す木に銘札（めいさつ）をつけ、上社では「おね鎌打ち」といい、薙鎌（なぎかま）を打ち込む。期間中は諏訪地方6市町村の、およそ20万人を超える氏子が祭りに奉仕する。御柱を山から曳き出す4月の「山出し」のあと、約1か月後に御柱を諏訪大社へと運ぶ「里（さと）曳（び）き」が行われる。なかでも山出しの際の急斜面をものともせず巨木にまたがった氏子衆が果敢に滑り落ちる木落しと、川を渡り御柱を洗い清める上社の川越しが見どころとなっている。木落しの命がけともいえる勇壮な姿には、諏訪地方の男たちがこの祭りに込める思いがあらわれている。式年造営祭ではあるが、御柱の曳行に大きな意味がある祭りといえる。起源は明らかではないが、室町時代の文献『諏訪大明神画詞（すわだいみょうじんえことば）』には平安時代初めの桓武（かんむ）天皇の代に始まったと記されている。

寅・申年の4月〜5月／長野県諏訪市、茅野市、下諏訪町・諏訪大社

御柱祭

山出し　4月、伐り出した木は出発地、棚木場から氏子たちによって運ばれるが、途中には狭い道や曲がり角があり、方向転換等を担う「てこ衆」は細心の注意を払う。

上社の川越し　山出しの最後の難関となる川越し。まだ水温の低い宮川に綱を渡し、御柱を曳いて川を渡る。御柱ごと冷たい川に入り、威勢よく渡ってゆく氏子衆も見どころ。雪解け水の流れる宮川で御柱を清める役割があるとされる。川を渡り終えた御柱は約1か月安置され、里曳きを待つ。

木落し　祭りの最大の見どころは重さ約10tで直径約1m、長さ17m超の御柱に氏子衆が乗り、傾斜約30度の坂から滑り落とす木落し。上社では約80m、下社では約100mにもなる急斜面を砂煙を上げつつ一気に滑り降りる様子は大迫力で、危険も伴う木落しに挑む氏子衆の鬼気迫る姿に観衆は息をのむ。

建柱（建御柱(たておんばしら)）　御柱を4つの宮それぞれの社殿の四隅に建てる神事。先端を三角錐に削る「冠落し」の儀式を行い御神木となった御柱にロープなどを付け、御幣などを持った氏子衆を乗せた状態で掛け声にあわせてゆっくりと立ち上げていき、厳かにクライマックスを迎える。

踊る、演じる

跳ね踊り、所作を演じる

本書では祭りの特色を示す分類として、その身体所作を基準に入れた。「踊る、演じる」と「舞う」のふたつで、これは祭りのなかで行われる芸能への視点である。ここまでの「小正月行事」「田植」「火祭り」「灯籠、堤灯」「曳山」「神輿」「渡御」はいずれも神事の意味や祭具に焦点を当てたが、芸能ではその動作が重要となる。身体所作の「踊る」と「舞う」はどう違うのかだが、ここで「演じる」と「踊る」を一緒にしたのは、例えば歌舞伎の始まりは、常道を逸脱した者による斬新な「歌舞伎踊り」であり、演技は踊りから発達したといえるからである。ここに紹介する、えぶりという田を均す農具名が祭りの名称となった青森県のえんぶりは、えぶりを使う所作を演じており、地芝居の檜枝岐（ひのえまた）歌舞伎とともに演技といえる。「踊り」は「踏」「躍」とも書き、その動作は飛び跳ねる跳躍運動とする考え方が有力である。なかでもここで取り上げた盛岡さんさ踊り、西馬音内（にしもない）盆踊り、郡上おどり、阿波おどりは、いずれも死者の霊を慰める念仏踊りの系譜をもっている。おわら風の盆は、豊年踊りがもとであり、長崎くんちは「龍踊（じゃおどり）」などの奉納踊りが特色となっている。また、花笠まつりやよさこい祭り、しゃんしゃん祭もそれぞれがその所作を見せるのが目的で、「踊り」の仲間に入れることができる。

優雅で勇壮な太夫の演技、豊作の願いとともに

青森県の南部地方では、1ヶ月遅れの小正月に稲の豊作を願う予祝(よしゅく)行事がいくつもある。「えんぶり」はこのうちのひとつで、その代表的なものが「八戸えんぶり」である。極寒の中、八戸市内各所で4日間にわたってえんぶりが演じられている。「えんぶり」という名は田植え前に田をならす「えぶり」と呼ばれる農具を持って踊ることなどに由来し、えぶりを使って田の土をならすことを「摺(す)る」と表現することから、えんぶりを演ずることも摺るという。見どころは馬の頭をかたどった鮮やかな烏帽子(えぼし)を被った太夫という踊り手が頭を大きく振る独特な演技で、これはその年の豊作を祈願し、種まきや田植えなど、稲作の一連の作業を演ずるものだとされる。「八戸えんぶり」の名称で国の重要無形民俗文化財に指定されている。諸説あるが、南部氏の祖、南部光行(みつゆき)が奥州にやってきて初めて迎える正月に、家来たちが酒の勢いで騒ぎを起こしてしまい、農民の藤九郎(とうくろう)が賑やかな田植唄とともに農具を持って踊ることでその騒ぎをおさめた鎌倉時代の出来事が起源とされている。

2月17日〜20日／青森県八戸市

八戸えんぶり

ふたつの演技　太夫の演技にはゆったりとした優雅な「ながえんぶり」と、テンポが速い「どうさいえんぶり」の2種類がある。ながえんぶりは主役の太夫「藤九郎」と他の太夫の動きが異なることが特徴で、どうさいえんぶりは太夫全員が同じ動きで演ずる。「ドウサイ」の掛け声が特徴。

祝福芸　太夫の演技の合間に子どもたちが披露する祝いの舞。華やかな衣装や可愛らしい仕草が人気を集めている。「金のなる木」という小唄に合わせて輪に銭が付いた銭太鼓を持って回しながらの「エンコエンコ」や「えびす舞」、「大黒舞」などがあり、祝福の演技で春を待つ。

えんぶり摺り　えんぶりの所作を「摺り」という。口上を述べる「摺りこみ」、種をまく「摺りはじめ」、苗を植える「中の摺り」、田植えが終わる「摺りおさめ」、そして田から水が漏れないように呪文を唱える「畦留め」まで、田植えの一連の所作を演ずる。

古くからの盆踊りから都市祝祭へ

盛岡城下を中心とする旧盛岡領とその周辺では、お盆の時には盆踊りとしてさんさ踊りが行われていた。「さんさ踊らば品良くおどれサンサ」という歌詞が19世紀初めの菅江真澄（すがえますみ）の遊覧記に出てくる。こうした古くからの盆踊りを昭和53（1978）年に盛岡さんさ踊り実行委員会が統一したさんさ踊りパレードが今の「盛岡さんさ踊り」の始まりである。これは8月1日から4日間にわたり、市内の目抜き通りで踊り手・笛・太鼓など約250団体、総勢3万人以上が踊り歩く。ミスさんさ踊りを先頭に、笛・太鼓の音色と「サッコラチョイワヤッセ」という独特な掛け声に合わせて華麗な演舞を繰り広げるパレードがある。このほか観客も参加可能な「輪踊り」や、盛岡市近在で踊り継がれてきた「伝統さんさ踊り」の披露なども催される。伝統さんさ踊りの衣装は、牡丹や蓮華を模した造花をつけた花笠や色とりどりの腰帯が特徴。最終日にはさんさ太鼓のみの大パレードが行われ、世界一にも輝いた1万個を超える勇壮な太鼓の音が街中に響き渡る。

8月1日～4日／岩手県盛岡市

盛岡さんさ踊り

い踊り

奉納の舞　さんさ踊り発祥の地と伝えられる三ツ石神社（名須川町2丁目）では、7月下旬に祭りの安全と成功を祈念して、さんさ踊りの奉納演舞が行われる。神社境内には3つの巨石が立ち並ぶ。伝説によると三ツ石神が悪鬼を退治した際、この三ツ石に縛りつけ、鬼は二度と悪さをしない誓いとして巨石に手形を押したという。

構成　さんさ踊りはおもに踊り手、太鼓、笛の3パートで構成され、団体によって唄や鉦が加わることもある。パレードの花形であるミスさんさ踊りと、ミス太鼓・ミス横笛・うたっこ娘で構成されるさんさ太鼓連は、毎年一般公募によって選ばれ、祭りを華やかに盛り上げる。

1万を超える太鼓　直径約50cm、重さ6〜7kgの太鼓を奏者が抱え、軽快に踊りながら打ち鳴らす。三ツ石伝説で退散した鬼が二度と里に戻ってこないように太鼓の音を山に響かせたのがその始まりと伝えられる。現在はその数1万個を超え、2014年には和太鼓同時演奏で世界一の記録を達成した。

花笠　さんさ踊りの踊り手たちは頭に花笠をかぶることもある。この花笠は葉のついた真紅の牡丹をイメージして作られている。

スさんさ踊り

真夏の山形を咲き染める、1万人の紅い花

山形市の中心市街で行われる行列踊り。蔵王大権現の山車を先頭にして、総勢1万人を超える踊り手が市内の目抜き通り約1.2 kmを花笠音頭に合わせ、山形県の県花・紅花をあしらった花笠を手に舞い踊る。明治・大正の頃、尾花沢市にある徳良湖の築堤工事の際に歌われた土搗唄が花笠音頭のもとになったと伝えられる。酒宴で歌われるようになった土搗唄は、神社の祭りにも奉納されるようになり、高度成長期に祝祭イベントとしての「祭り」となった。「ヤッショ、マカショ」という独特な囃子ことばも土搗きの際の掛け声から派生したという。その土搗唄に合わせ、笠を回して即興で踊ったものが花笠踊りの原型とされる。花笠太鼓が響きわたるなか披露される、優雅で華麗な女踊り「薫風最上川」、勇壮な男踊り「蔵王暁光」、花笠踊り発祥の地・尾花沢市で継承される笠回し系踊り、創作花笠踊りなど、団体ごとに異なる多彩な振り付けと一糸乱れぬ群舞は壮観。昭和38(1963)年から蔵王の観光PRを目的に開催された蔵王夏まつりのイベントのひとつ「花笠音頭パレード」として始められ、昭和40(1965)年独立して現在の形となった。

8月5日～7日／山形県山形市

山形花笠まつり

檜枝岐歌舞伎

大自然のなか神へ捧げる手作りの農村歌舞伎

福島県南会津郡檜枝岐村に伝わる地芝居。村の住民によって代々伝承されてきた農村歌舞伎であり、年に3回、地元愛宕神社や鎮守神社の祭礼などにあわせて奉納される。役者はもちろん、衣装の制作や着付け、大道具制作などの裏方まで、すべて住民の手によって運営され、これを行っているのが「千葉之家花駒座」。座名は、この地に歌舞伎を伝えた人の祖先が千葉平氏の末流であったから、花駒は会津駒ヶ岳の「駒」をとったなどという。座名をもつのが粋で、出しものには「三番叟」「絵本太功記」「義経千本桜」「奥州安達ケ原　袖萩祭文の段」などのほかに地元の農民一揆を題材とした「南山義民の碑」などがある。夕闇迫る幻想的な雰囲気のなか上演され、露天での鑑賞が見どころ。鎮守神社に向かって建てられた茅葺き屋根の舞台は明治31(1898)年創建で、「檜枝岐の舞台」として国の重要有形民俗文化財に指定されており、神社への坂にある石段が観客席として利用されている。起源は定かではないが、江戸時代に伊勢参りに出かけた農民が江戸で観劇した歌舞伎に魅了され、村に戻ってそれを見よう見まねで伝えたことが始まりという。現存する史料に浄瑠璃本が残っていることから270年以上の歴史をもつとされる。

5月12日、8月18日、9月第1土曜日／福島県南会津郡檜枝岐村

篝火に浮かぶ、幽玄の世界へ誘う踊り

お盆に死者の霊を慰める盆踊りには、特色ある形式をもったものがいくつもある。秋田県雄勝郡羽後町西馬音内に伝えられる盆踊りはそのひとつといえる。盆の3日間にわたって、本町通りを舞台に、篝火を囲んで踊る輪踊りだが、踊り手たちは、絹の布4～5種類を組み合わせて縫う「端縫い」や絞り染めの浴衣など、特徴的な衣装に身を包み、鳥追笠をかぶるか彦三頭巾で覆面をする。この頭巾の覆面は死者を表しているという。踊りは歌詞や調子が異なる「音頭」と「がんけ」の2種類を交互に繰り返す。通りの中央には櫓が建てられ、大太鼓や小太鼓、鼓、横笛、三味線、鉦の囃子方が乗り、音頭と甚句を奏でる。優美な踊りと哀愁を帯びた囃子が織りなす幻想的な雰囲気が見どころ。衣装のあり方や踊りの所作などが独特で、この行事は「西馬音内の盆踊」の名称で国の重要無形民俗文化財に指定されている。古い伝承によると、修行僧が豊作を祈願して踊らせたもので、その踊りとこの地の領主が滅び、それを悼んで残った旧家臣が踊ったのが始まりという。

8月16日～18日／秋田県雄勝郡羽後町

西馬音内盆踊り

彦三頭巾　被り物は「彦三頭巾」と「編笠」の2種類ある。彦三頭巾は目元に穴が開いた黒い覆面を鉢巻でとめたもので、亡者を表すといわれている。彦三頭巾をつける際は藍の絞り染めの浴衣を着ることになっている。

囃子　囃子は寄せ太鼓、音頭、とり音頭、がんけの4種類がある。寄せ太鼓は踊りの前奏。音頭を踊る際に唄われる地口と一緒に囃される音頭ととり音頭は踊るための演奏。がんけを踊る際には甚句が唄われる。音頭とがんけは繰り返されるが、最後の締めにはがんけが演奏される。囃子は大太鼓や小太鼓、鼓、三味線、笛、鉦で構成される。

鳥追笠　鳥追笠はおもに女性がかぶる。一般的な編笠より反りが大きく、目深に被ることで顔が見えないようにし、笠の前後を赤い紐などでとめる。

亡者踊り　夜も深まると、あでやかな端縫い衣装が篝火に浮かび上がり、薄く撒かれた砂の上を、摺り足で流れるように踊るさまは時に艶っぽく、「亡者踊り」といわれる踊りと相まって幻想的な世界を作り出す。

おわら節の哀愁漂う旋律と洗練された踊り

富山市八尾（やつお）町で3日間にわたって行われる祭り。9月初めの二百十日の時期に吹く風を鎮め、作物に被害が及ばぬよう豊穣を願う行事で、「盆」はこの地域では休みという意味がある。「おわら」の意味は「お笑い」の言葉がもとになったとか、稲の束が大きくなるよう「大藁（おおわら）」が変化したといわれている。「おわら風の盆」はこうした意味をもち、盆唄の「おわら節」で合計11町の会場で行われている。編笠を被って、揃いの浴衣や法被に身を包んだ踊り手たちと「地方（じかた）」と呼ばれる囃子と唄を演奏する一団が各町内を練り歩く町流し（おわら流しとも）や、地方を中心に踊り手が輪をつくって踊る輪踊りが行われる。踊りには農作業の動きを表現した豊年踊りと力強い男踊り、艶っぽさのある女踊りの3種類があり、豊年踊りが古い町流しである。「おわら節」は八尾では繭からの糸繰りや糸の染色の際に女性たちが歌った唄だという。提灯の明かりが灯る幻想的な雰囲気のなか披露される哀愁漂う唄と格調高い踊りが見どころ。

9月1日〜3日／富山県富山市八尾町

おわら風の盆

女踊り　風の盆の3種類の踊りのうち、女踊りは「四季踊り」ともいわれ、女性らしい優雅で美しいしぐさ。女性が河原で蛍狩りを楽しむ姿を表しているという。編笠を深く被り、顔を見せないだけに踊りの美しさが際立つ。

八幡社舞台踊り　地区のひとつである下新町には八尾町の鎮守社・八幡社があり、祭りの期間中は境内に舞台が設けられる。演舞会場としてこの舞台を中心に行事が行われ、鳥居を背景にして踊る姿は幽玄の世界となる。

男踊り　男踊りは「かかし踊り」ともいわれ、農作業の所作を取り入れている。腰を低く落とし、足を高く上げるなど大きな振りで男らしく、勇壮なのが特徴。この男踊りの力強さは女踊りと対照的で、しなやかなしぐさの女踊りを引き立てる。

夫婦（めおと）踊り　かつて花街として賑わった鏡町の女踊りは、芸妓踊りの名残があるとされる。その鏡町の「おたや階段下」ではさまざまな踊りが披露され、夫婦踊りもそのひとつ。哀調をおびた胡弓（こきゅう）の調べと艶のあるしっとりとした雰囲気をもち、多くの人を惹きつける。

浴衣姿で下駄を鳴らし、老若男女が踊り明かす

岐阜県郡上市で開催される盆踊り。7月中旬から9月上旬までの約30夜にわたって、1夜に1か所ずつ市内各地の会場を一巡するかたちで行われる。日本一開催期間の長い盆踊りでもある。唄を歌う音頭とりと三味線などの囃子方が乗る屋形（音頭屋台）を中心に輪をつくりながら踊る。踊りには参加自由で誰でも踊りの輪に加わることができ、「見る踊り」ではなく「参加する踊り」だといわれている。見どころはお盆に開催される徹夜おどりで、4夜連続で夜を徹して踊り明かす。甚句調の「郡上の八幡出てゆく時は、雨も降らぬのに袖しぼる」の一節が有名な「かわさき」などの郡上節にのせた全10種類の踊りがあり、すべての踊りが「郡上踊」の名称で国の重要無形民俗文化財に指定されている。起源は定かではないが、江戸時代の寛永年間（1624〜44年）に郡上藩藩主が士農工商の身分の融和を図るために奨励したことをきっかけに発展したとされ、400年以上の歴史がある。

7月中旬〜9月上旬／岐阜県郡上市

郡上おどり

小坂陶器店

徹夜おどり　お盆の4日間は盂蘭盆会の徹夜おどりが開催され、4日間で約20万人もの踊り手が集うという。本町、新町、橋本町周辺の辻の中央に音頭屋台を設置し、このまわりを回りながら翌朝まで夜通しで踊り続ける。夜明け間近には踊り手、音頭とり、囃子方の息の合った圧巻の踊りが繰り広げられ、盛り上がりは最高潮を迎える。

振り付け　語りの口説き調と甚句調があるが、古調かわさき・かわさき・三百・春駒・ヤッチク・げんげんばらばら・猫の子・甚句・さわぎ・まつさかの10種の踊りは、優雅なものや威勢のいいもの、軽快なものまで曲によって振り付けが異なる。曲の順番に決まりはないが、その夜最後の踊りは伝統的にまつさかとなっている。

音頭屋台　おどり屋台とも呼ばれる移動式の屋台。地面から一段高いところに台があり、音頭とりと囃子方が乗り込む。下には道具などを収納するスペースもある。

雨天　郡上おどりは警報でもでない限り雨天でも決行されることが多い。激しい夏の雨では、カッパを着ていても浴衣も下着もびっしょり濡れてしまうが、踊りの熱気は明け方まで冷めやらない。

踊る阿呆に見る阿呆、街中が熱狂する4日間

徳島市で開催される盆踊り。「連」と呼ばれる踊り子の団体が850以上、およそ10万人もの踊り子が参加し、お盆の4日間にわたって市街地各所の演舞場である桟敷や道路で踊りが披露される。阿波おどり特有の二拍子のリズムにのせ、「阿波よしこの節」にあわせて「ぞめき」という手踊りの流し踊りが繰り広げられる。連によって異なる色鮮やかな衣装や振り付けが見どころで、街全体が阿波おどり一色に染まる。江戸時代後期には町内ごとに趣向を凝らした「雷踊り」などの組踊りもあり、この時代には町内ごとの趣向競べが始まっている。「同じ阿呆なら踊らにゃ損々」の囃子詞や歌舞伎踊りなどが大阪からもたらされるなど、上方文化を取り込んでいる。また「阿波おどり」は藍商人などによる経済力を背景に形づくられてきた。歌詞に「蜂須賀公が今に残せし盆踊り」とあるが、これは昭和初期の作で「阿波おどり」につながる盆踊りの記録は明暦3(1657)年以降に出てくる。周辺には趣のやや異なる盆踊りもあるが、現在の市街地の「阿波おどり」は全国各地に広がっている。

8月12日～15日／徳島県徳島市

阿波おどり

女踊り　両手を肩幅に上げて手のひらが向かい合うように内側へ向ける構えで、つま先立ちになり軽く膝を曲げ踝（くるぶし）を上げる。二拍子のリズムにあわせて足を交互に踏み替え、同時に肩や腰の動きにあわせて手を前に出しながら踊る。集団美を追求し、一糸乱れぬ身の動きを魅力とする連が多い。

衣装　連ごとに揃いの浴衣や着物の裾をからげて、裾よけの蹴り出しが見えるように着付ける。利休下駄をはき、鳥追笠を被って黒繻子（くろじゅす）の帯を締め、手には白い手甲を付ける鳥追いの姿が特徴。団扇などを持つ場合もある。

下駄　利休下駄は晴天の日に履く日和下駄の一種で、薄い二枚歯を入れたもの。蹴り出し姿で、膝を内側に上げるのでつま先立ちになる。白足袋に紅白のねじり鼻緒がはえる。

男踊り　腰を落として手のひらが向き合うように両手を高く上げる構え、足は肩幅程度に広げて、やや前傾姿勢を取る。リズムにあわせて足を交互に踏み替え、同時に手も前に出しながら踊る。連によっては飛び跳ねる動きなどもあり、豪快に乱舞する躍動感が見どころとなっている。

女法被踊り　女踊りは女性だけに踊られるものだが、男踊りは男性だけでなく女性も踊ることができる。「女ハッピ」や「女性男踊り」などと呼ばれており、女性らしいしなやかさと男性的な力強さを兼ね備えた粋な踊りが魅力となっている。短めの法被に短パンの衣装で、若さを強調した元気ハツラツなスタイルで人気がある。

衣装　男踊りの衣装はおもに2種類で、浴衣を着るスタイルと、さらしや腹巻が見えるように法被を着て短パンが見えるスタイルがある。頭には手ぬぐいや鉢巻を巻き、団扇や提灯などを持つことが多い。履物は履かず、足の底がゴムになっている専用の踊り足袋で踊る。

鳴り物　三味線、笛などの鳴り物は「えらいやっちゃ、えらいやっちゃ、ヨイヨイヨイヨイ～」と「阿波よしこの節」を歌い上げながら、二拍子のリズムで踊り手たちを先導する。後方からは鉦の音が響く。

有名連の踊り調子　身のこなしは「なんば」（足と手の出が同じ方向）で日本舞踊の型をもつが、継承の過程で有名連の踊り方が根づいている。それには阿呆連による阿呆調、のんき連によるのんき調、娯茶平による娯茶平調がある。

のんき調　大正14（1925）年に創設された「のんき連」を発祥とする。背筋を伸ばして腰を落とし、つま先を立てて足を運ぶどっしりとした動きが特徴。

阿呆調　昭和23(1948)年創設の「阿呆連」発祥の阿呆調は、動きが大きく跳ねるように踊る。その手さばきと低い姿勢で女踊りと向かい合うスタイルが特徴。

娯茶平調　昭和21(1946)年に創設された「娯茶平連」を発祥とする踊り方。ゆったりとしたテンポの囃子にあわせて優雅に踊り、腰を低く落として前傾姿勢を取る。すり足が特徴で、「網打ち」と呼ばれる複雑な団扇さばきも有名。

2万人が乱舞する、南国土佐のカーニバル

高知市各所で行われる行列踊り。8月の4日間にわたって、高知市内の9ヶ所の競演場・7ヶ所の演舞場で、約200チーム・約2万人の踊り子が鳴子（なるこ）を手によさこい鳴子踊りを披露する。最大の見どころは大通りや商店街などでの流し演舞。音響機器を積んだ「地方車（じかたしゃ）」と呼ばれるトラックが楽曲を流しながら先導し、踊り子たちがその後ろに連なって通りを華やかに踊り歩く。各チームは衣装、振り付け、鳴子のデザイン、楽曲や地方車の装飾に至るまで趣向を凝らし、その自由度の高さも祭りの特徴となっている。昭和29(1954)年、高知の経済復興・地域振興を目的に、高知商工会議所が中心となってよさこい祭りを企画したことに始まる。「よさこい」とは土佐弁で「夜に来い」という意味でそれを祭りの名にした。またその時に江戸時代から歌われていた民謡「よさこい節」をアレンジし、両手に持った鳴子を鳴らしながら踊る「よさこい鳴子踊り」が発案された。今ではその魅力は全国に広まり、札幌市の「YOSAKOIソーラン祭り」など各地で披露されるフェスティバルともなっている。

8月9日～12日／高知県高知市

よさこい祭り

祭りのルール　よさこい祭りの基本的なルールは、鳴子を持って鳴らしながら前進する踊りとすること、楽曲に「よさこい鳴子踊り」のフレーズを入れること、1チームの人数は150人までにすること、の3つ。これらのルールさえ守ればアレンジは自由で、ロック調やサンバ調などさまざまなバリエーションの踊りが繰り広げられる。

鳴子　もともとは、田畑に吊るして作物を狙う鳥獣を追い払うための農具だったが、第1回よさこい祭りからよさこい鳴子踊りに取り入れられた。ふたつ1組で、両手に持ってカシャッ、カシャッと鳴らしながら踊る。朱色地に黒と黄色のバチが一般的だが、衣装に合わせて色や形をアレンジしたオリジナルの鳴子を使用するチームも多い。

自由なアレンジ　最低限のルールはあるが、比較的自由さがあるのが「よさこい祭り」の特色。衣装やリズムはもちろん、リーダーの持ち物も纏（まとい）、傘、提灯などさまざまなものがあり、チームの個性を演出している。

踊り子　祭りには県内のみならず日本全国・世界各地からも踊り子が集まり、子どもチーム、学生や企業のチーム、国際チームなど、個性豊かなチームが一堂に会して競演する。各競演場・演舞場には審査会場があり、笑顔や元気があふれる踊り子には審査員からメダルが授与され、踊り子の勲章となっている。

傘の花が咲き鈴の音が響き渡る、世界最大の傘祭り

鳥取市の中心市街地で行われる鳥取最大の行列踊り。一番の見どころは、鈴のついた華やかな和傘を手に舞い踊る「一斉傘踊り」である。4000人を超える踊り手が赤・青・白の3色を基調に、金銀の短冊を飾った「しゃんしゃん傘」をクルクルと回しながら踊り歩く一斉傘踊りは、「世界最大の傘踊り」としてギネス世界記録にも認定されたことがある。鳥取の商工振興を目的として昭和36（1961）年に地元の神社の例祭と併せて誕生した「鳥取祭」に、鳥取県東部の因幡（いなば）地方に伝わる伝統的な「因幡の傘踊り」を誰もが踊れるようにアレンジして取り入れたのが始まり。もとになった因幡の傘踊りは100個の鈴をつけた長柄の傘を回転させながら振り回す勇壮な傘踊りで、江戸時代末の雨乞い祈願が起源とされ、県の無形民俗文化財に指定されている。昭和40（1965）年からの「しゃんしゃん祭」という名前は公募によるもので、温泉地である鳥取で「湯がしゃんしゃんと沸く」ことと、「鈴の音がしゃんしゃん鳴る」という意味から名付けられたという。

8月13日～15日／鳥取県鳥取市

鳥取しゃんしゃん祭

大陸と日本の文化交流が今も残る

長崎市上西山町に鎮座する諏訪神社の秋季大祭。3日間にわたって、神輿3基が御旅所まで渡御する「お下り」や諏訪神社へと還御する「お上り」、踊りや曳物などを「演(だ)し物」と呼ぶ奉納踊がある。この奉納踊は踊町(おどりちょう)と呼ばれる諏訪神社の氏子各町が7年に一度の持ち回りで行っており、各踊町は傘鉾を先頭に神社の境内や御旅所などの踊場で演し物を奉納する。奉納踊のうち戦前からあるものは「龍(じゃ)踊(おどり)」「川船」などいくつもあるが、よく知られている龍踊は江戸時代中期に長崎居留の中国人が伝授したという。長崎らしい異国情緒漂う演し物である。奉納踊は長崎独自の文化を伝えるものとして「長崎くんちの奉納踊」の名称で国の重要無形民俗文化財に指定されている。現在の「長崎くんち」は住吉神社、森崎神社が加わって3社の祭りとなっている。長崎県内には「佐世保くんち」もある。

10月7日～9日／長崎県長崎市・諏訪神社

長崎くんち

曳物　船型の山車に車を付け大勢の男衆が曳く演し物。格調高い総檜造り白木の船や豪快な船回しの寸止めが見どころの「御座船」、子どもの船頭が網を持ち、捕獲した魚を諏訪神社に献上するため船を急がせる「川船」、オランダの来航で賑わう長崎の様子を再現し豪快に船を回す「阿蘭陀(おらんだ)船」などが奉納される。

踊り　各町によってさまざまな演目の踊りが奉納される。華やかな衣装に身を包んだ優美な女性が舞う伝統ある日本舞踊の「本踊」や長崎に漂着した2人のオランダ人が生活のために万才（まんざい）を披露して正月を祝ってまわった様子を表現した「阿蘭陀万才」、7頭の獅子と2頭の子獅子によるアクロバットな踊り「獅子踊」などがある。

龍踊　奉納踊の代名詞ともいわれる龍踊は、長さ20mの龍体に棒を10本つけて10人の龍衆（じゃしゅう）で操り、銅鑼（どら）や太鼓、龍声ラッパなどの独特な拍子に合わせて踊る。唐人衣装を身に纏（まと）った玉使い1人が操る玉を追いかける「玉追」などの踊りがある。もとは中国の上元（1月15日）の祭りであったという。

舞う

歌い唱える、神の芸能

「踊り」が跳躍の動作であるのに対し、「舞う」は旋回の動作を基本とし、これは神に依り憑かれようとする動作であるといわれている。また、「踊り」はその囃しの音曲よりもその振りを重視してきたのに対し、「舞い」は神歌や唱え言を伴い、この歌や唱えが重視されてきた。ここで取り上げる石見神楽、花祭、早池峰神楽、高千穂の夜神楽は、いずれも神事芸能である「神楽」で、これには神楽唄・神歌、神々の来歴などについての唱え、神と神人との問答などが伴っている。こうした神楽には人が唱え言とともに神憑る場面を伝えている場合もある。神楽は、10世紀から宮中で11月に行われた「御鎮魂」の儀礼に奏上されており、その目的は神の力を人間に付与する「たまふり」にあったといえる。こうした宮中の神楽や勅祭として行われた石清水八幡宮寺などでの奉納神楽が、その後民間に伝わり、これに修験道やさまざまな神道教義が加わりながら現在の姿ができたといえる。この章では日本の祭りや伝統芸能の歴史を考える上で重要な奈良県の「春日若宮おん祭」も取り上げた。この祭りは多彩で「舞う」だけにとどまらないが、ここに収めたのは祭りのなかに「細男」や「翁」「猿楽」の舞が含まれていることによる。

大蛇

伝統と創造が織りなす神々の舞

「石見神楽」は島根県西部の石見地方に伝わる神楽の総称。これには「大元神楽」と呼ばれる5年、7年、13年に一度の式年神楽と、例祭やイベントなどで行われる神楽があり、前者は石見山間部の邑智地域一帯に多く、後者は石央と呼ばれる石見中部から石東・石西の沿海地域にわたって盛んである。これは秋祭りを中心に地元神社の例祭前夜祭のほか定期公演や神楽大会なども開催され、年間を通じて各地で舞われている。演目は三十数種におよぶが、大元神楽はゆったりとした六調子が基調で、先祖神の大元様を藁蛇に依りつけ、氏子が神がかることもある神事を含んでいる。例祭の神楽は神事性の強い採物舞のほかに神話などを題材にする能舞があり、伸縮する蛇胴をもった演目「大蛇」の人気が高い。金糸銀糸の華やかな衣裳と神楽面を身に纏った舞手が八調子の軽快なお囃子にあわせ激しく舞う能舞は、火花や煙幕などを用いた派手で大胆な演出が見どころで、近年では、説話を題材に創作演目がつくられはじめ、伝統と創造を織りなしながら進化を続けている。

通年／島根県石見地方

石見神楽

大蛇

五神

囃子　囃子は大太鼓、小太鼓、手拍子（手打鉦）、横笛で構成される。囃子の調子はテンポが緩やかな「六調子」と速くリズミカルな「八調子」に大きく分けられる。六調子と八調子をもつのも特色といえる。また、囃子の種類も場面ごとに「神囃子」「鬼囃子」「蛇囃子」など使い分けられる。

鍾馗（疫神）

創作演目・有明

演目　神話や伝説を題材とした舞を能舞といい、その演目は、鬼や化物などの悪者を神が退治するという勧善懲悪をテーマにしたストーリーが多い。舞手は弓矢や刀などの武器・幣・扇などの「採物」と呼ばれる手道具を持ち、豪華絢爛な衣裳と役に応じた表情豊かな面を身につけて物語に沿った神楽歌や口上を交えながら舞う。

八幡

神楽団体　石見地方には130を超える神楽団体が存在する。その名称は地名を冠した「社中」や「神楽団」「保存会」で、同じ演目でも地域や神楽団体ごとに面や衣裳、舞が異なり、オリジナルの創作演目を演じる団体もある。神楽団体に属する人は子どもから年配者まで幅広く、指導者の下、子どもや女性のみで構成される団体もある。

創作演目・八面

海神楽　大田市温泉津町では福光海岸の砂浜に設けた特設ステージで石見神楽を披露する「海神楽」が毎年開催される。雄大な日本海と沈んでいく夕日を背にした神楽の舞は、その幻想的な美しさから「奇跡の光景」とも呼ばれている。

五神

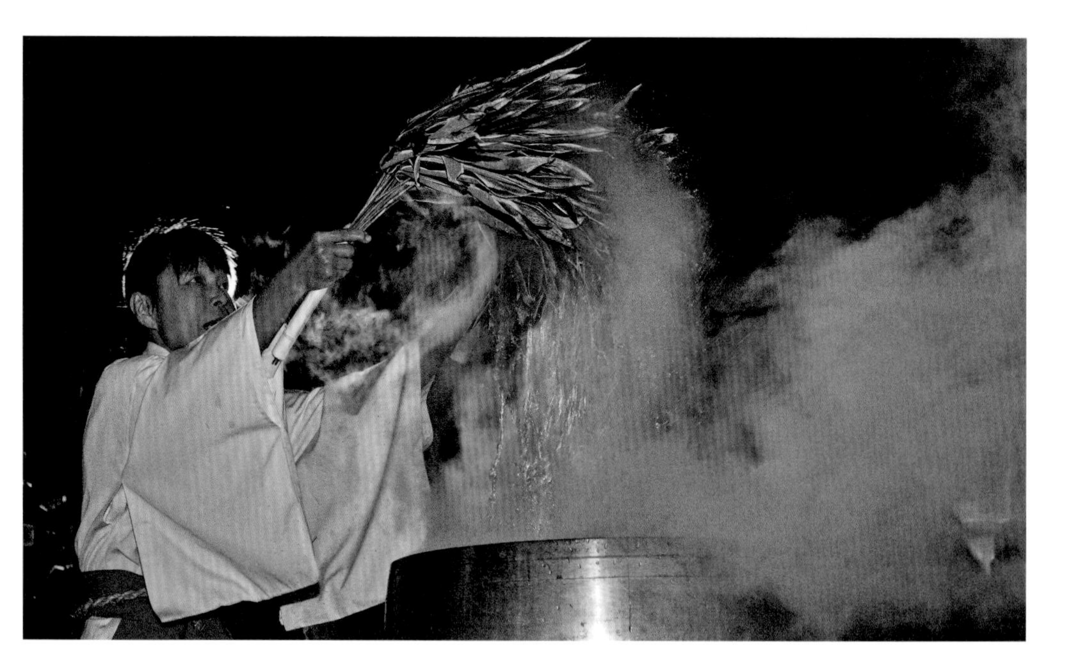

大和一国を挙げて神に捧げる「生きた芸能史」

奈良県奈良市に鎮座する春日大社の摂社若宮の例祭。15日の「大宿所祭（おおしゅくしょさい）」、16日の「宵宮祭（よいみやさい）」を経て、16日の深夜から17日には若宮神を本殿からお旅所の御仮殿へ遷す「遷幸（せんこう）の儀」、「お渡り式」、「お旅所祭」が行われる。お渡り式では時代装束姿の約1000人の伝統行列が奈良市街を練り歩きお旅所へ向かう。お旅所祭ではさまざまな芸能が奉じられ、若宮神をお旅所から本殿に還す「還幸（かんこう）の儀」など種々の神事が行われ、18日の午前0時前には還御となる。その後、お旅所での奉納相撲、後宴能（ごえんのう）で締めくくられる。なかでも「お旅所祭」では、設けられた約9m四方の芝舞台で神楽や田楽など多くの神事芸能が17日の夜遅くまで絶え間なく奉納される。若宮神は大宮（本社）の第三殿、第四殿の祭神の御子神（みこがみ）で、長保5（1003）年に出現し、保延元（1135）年に飢饉や疫病が続いたため、時の関白藤原忠通（ふじわらのただみち）が神殿を造営し、翌年からこの祭りが始まったという。古式の神事に加え、神幸の方式や古代からのいくつもの芸能が含まれていて、国の重要無形民俗文化財に指定されている。

12月15日〜18日／奈良県奈良市・春日大社

春日若宮おん祭

お渡り式　17日の午前0時に若宮神がお旅所に遷幸する。その後、正午より、平安時代から江戸時代までの装束を身に纏った芸能集団や祭礼に関わる人々が出発し、お旅所へ向かう。1000人近い行列で、途中、興福寺南大門跡で「南大門交名の儀」が、一之鳥居を入った先の「影向の松」の前で芸能を披露する「松の下式」が行われる。

お旅所祭 細男　立烏帽子に白張を身につけ、白い布で目から下を覆った6人による舞。うち2人は笛を吹き、2人は腰鼓を打ち、もう2人が袖で顔を覆いながら拝舞して前進後退を繰り返す素朴で独特な舞を演じる。細男は平安時代の神事芸能によく登場するが、その具体的な姿を伝える祭りは少なく、芸能史的にも貴重である。

お旅所祭 神楽　お旅所の御仮殿の前には祭場となる芝舞台があり、鼉太鼓の音を合図に神事が始まる。宮司、日使の祝詞奏上の後、古式に則った社伝神楽や東遊、田楽、細男、猿楽、舞楽などが奉納される。

お旅所祭 延喜楽　古代朝鮮や中国大陸などから伝えられた華やかな舞楽は、その伝来や特徴から左舞（唐楽）と右舞（高麗楽）に分けられ、おん祭では11曲が舞われる。右舞の「延喜楽」は緑系統の襲装束を着用した四人舞で、左舞の「萬歳楽」と一対となり、めでたい曲として慶賀の際に必ず舞われる優雅な舞である。

一昼夜かけて神に捧げる神人和合の舞

愛知県の奥三河地方に伝承されている祭りで、神々を迎える神事と湯釜を据えて湯立を行い、この釜を中心に舞われる神楽から構成されている。11月から3月にかけて各地区で開催され、かつては集落の家々が順番に「花宿」となって行われたが、現在は地区の集会所や神社などを「花宿」としている。地区ごとに神事の次第や舞は異なるが、神事は水を汲む「滝祓い」から始まり、「高嶺祭り」「神寄せ」などがあり、「竈祓い」「湯立」が行われる。この後に「楽の舞（ばちの舞）」「式三番」などが午後から始まり、夜を徹して翌朝、あるいは翌日の午後まで続く。青年や子どもの舞、鬼の舞、獅子舞など30種類以上の舞が奉納され、神送りとなる。悪霊を祓い、五穀豊穣や無病息災などを祈願する祭りで、何種類もの鬼が登場する。見どころは最も重要とされる鬼の舞で、それぞれの舞では楽とともに「テーホヘ、テホヘ」の掛け声をあげて舞い手と観客とが一体となる。北設楽郡の17地区に伝承される花祭は国の重要無形民俗文化財に指定されている。起源は不明だが、南北朝時代・室町時代に熊野・伊勢系統の神楽と修正会、修験道儀式が入り混じってできたと推定されている。

11月〜3月／愛知県北設楽郡東栄町、設楽町、豊根村

花祭

舞処（まいど）　土間の舞庭で、司祭者である花太夫などによる湯立神事から始まる。中央に大きな湯釜を据えて湯をわかし、天井には湯蓋、「ざぜち」と呼ばれる切り紙の飾りをつるす。写真は禰宜（ねぎ）が竈に供物をし、火を入れて祭文を唱える「竈祓い」。

鬼の反閇　大きな鬼面を被ってわらじを履き、鉞（まさかり）を持ち、赤い衣装に身を包んだ山見鬼、榊鬼、朝鬼（茂吉鬼）と呼ばれる「役鬼」が登場する。なかでも榊鬼は、「改め役」という宮人（みょうど）と問答を行うとともに、ヘンベ（反閇）という地面を足で踏みつける所作を繰り返すことにより災厄を祓い、大地に新たな力を吹き込むという。

舞　花宿の舞庭では地固めの舞、宝の舞、花の舞、三ツ舞などさまざまな舞が披露される。各演目ごとに子どもから青年まで、舞い手の年齢層が決まっているのが特色で、神楽の最後は「清めの獅子」。それぞれの舞では五方で舞い、獅子は湯たぶさをくわえ釜の湯で清める。

湯ばやし　祭り終盤のクライマックスが「湯たぶさ」と呼ばれる藁を束ねたたわしのようなものを持ち、4人の舞い手が湯釜を囲んで軽快に舞う「湯ばやし」である。最後には湯釜の湯をあたりに勢いよく振りかけ、観客や舞庭は水浸しになる。湯ばやしの湯を浴びることで、1年間健康で暮らせるという。

山伏神楽の源流とされる洗練された芸術的な舞

岩手県花巻市大迫町の大償と岳のふたつの地区の神楽座に伝承される神楽の総称。それぞれ大償神楽、岳神楽とも呼ばれ、早池峰神社の例大祭などで奉納されている。昭和初期までは冬の期間に「権現様」といって、敬う獅子頭を奉じて家々を祓いことほぎ、夜には民家を宿にして神楽が舞われた。舞の演目は40番以上あるといい、神楽を奉納する際にはじめに必ず舞う6曲の「式舞」や神話を題材とした「神舞」、動きの激しい「荒舞」、必ず最後に奉納される獅子の「権現舞」などに大別される。なかでも最も特徴的なのが「権現舞」である。両神楽はその伝来が同じところからであり、兄弟神楽だともいわれている。また両神楽は、「山の神舞」という演目で使用される面の形が大償が「阿」、岳が「吽」で対を成していて関係が深かったといえる。国の重要無形民俗文化財に指定され、ユネスコ無形文化遺産にも登録されている。起源は不明だが、霊峰早池峰山の修験者たちによって舞い継がれてきたとされる。早池峰神楽には文禄4(1595)年と記された獅子頭があり、大償神楽には長享2(1488)年の神楽伝授書が現存していることから、南北朝時代には成立していたと考えられている。この地方には大償、岳のいずれかの弟子であるとする神楽が多くあり、自ら「弟子神楽」と名のっている。

早池峰神社例大祭・8月など(岳神楽)、大償神社例大祭・9月など(大償神楽)／岩手県花巻市大迫町

早池峰神楽

早池峰神社

岳神楽　岳集落は早池峰山の西南の登り口に位置する。地区内に鎮座する早池峰神社の神事に携わる人たちによって演じられたのが岳神楽。背後の幕をくぐって舞手が登場するのが特色。左は権現舞、右は諷誦（ふうしょう）の舞（荒舞）。

「三番叟（さんばそう）」の舞　岳神楽の幕には南部家の家紋「向かい鶴」が描かれ、この幕をくぐって三番叟が登場して舞う。三番叟は能（申楽）や文楽、歌舞伎でも演じられ、神楽はこうした伝統芸能とも深い関係がある。

大償神楽　かつては大償集落に鎮座する大償神社の神事に携わる人たちが奉じたが、今は集落の人たちによって継承されている。神楽は早池峰山の開祖といわれる田中兵部が建立したとされる田中明神の神主から大償の別当家へ伝承されたといわれている。写真は「天照五穀（あまてらすごこく）」の舞（神舞）で女神面をつけ鳥兜（とりかぶと）をかぶって舞う。

高千穂の夜神楽

神話の世界を再現する神遊びの舞

宮崎県高千穂町に伝承される神楽の総称。昭和53(1978)年に国の重要無形民俗文化財に指定されるにあたり「高千穂の夜神楽」と命名された。通常は浅ヶ部神楽など集落名をつけて呼ばれている。町内では現在19集落が夜を徹しての「夜神楽」を伝えていて、神楽宿と呼ばれる民家や公民館などに鎮守の神を招き、夕方から翌日の昼前まで「ほしゃどん」と呼ばれる舞手が三十三番の神楽を奉納する。奉納は冬に行われ、秋の収穫感謝、翌年の五穀豊穣の祈願ともなっているが、古く平安時代から行われた宮中における霜月の神楽の季節を受け継いでいる。演目やその順番は各集落で少しずつ異なり多様で、なかでも序盤の氏神を招く「神降」、土地を祓い神を鎮め奉る「鎮守」、氏神が降臨する「杉登」からなる「式三番」は必ず舞われる重要な舞となっている。見どころは「岩戸五番」で、岩戸開きの神話にちなんだ舞が人気となっている。高千穂町には33の神楽保存団体があり、神楽の歴史は高千穂神社に残る文治5(1189)年の『十社大明神記』に「御じんらく（神楽）」の記載があるが、歴史資料としては長禄4(1460)年、明応3(1494)年の文書が古いものである。

11月中旬～2月上旬／宮崎県高千穂町

舞い入れ　集落の鎮守から神楽を奉納する宿に神を迎える儀式。神楽を舞う「ほしゃどん」が面をつけ、手には面棒（棒の両端にシデをつけたもの）や扇をもって御神体をうつした「揚輿（あげこし）」の先導役をつとめる。集落の人たちもこの行列を迎えて神楽が始まる。

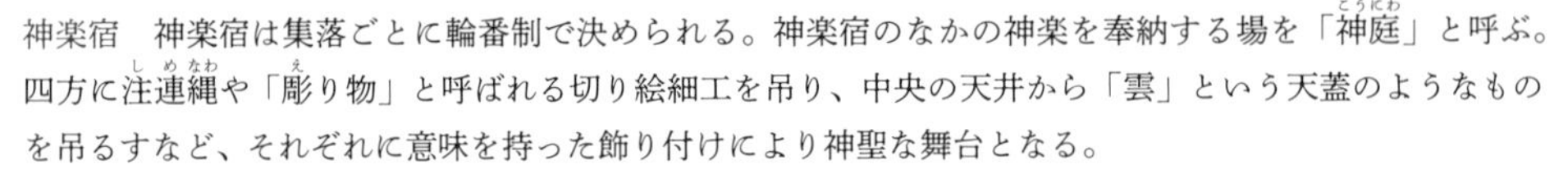

神楽宿　神楽宿は集落ごとに輪番制で決められる。神楽宿のなかの神楽を奉納する場を「神庭（こうにわ）」と呼ぶ。四方に注連縄（しめなわ）や「彫（え）り物」と呼ばれる切り絵細工を吊り、中央の天井から「雲」という天蓋のようなものを吊るすなど、それぞれに意味を持った飾り付けにより神聖な舞台となる。

「戸取」の舞　岩戸開きの神話をもとにつくられた舞で、手力雄命が渾身の力で岩戸を取り除き天照大神を迎え出す。夜神楽では最終盤の夜明けごろ行われる。岩戸開きの舞は伊勢、柴引き、手力雄、鈿女、戸取、舞開き、日の前によって構成され、天照の出現は舞開きで表現されている。

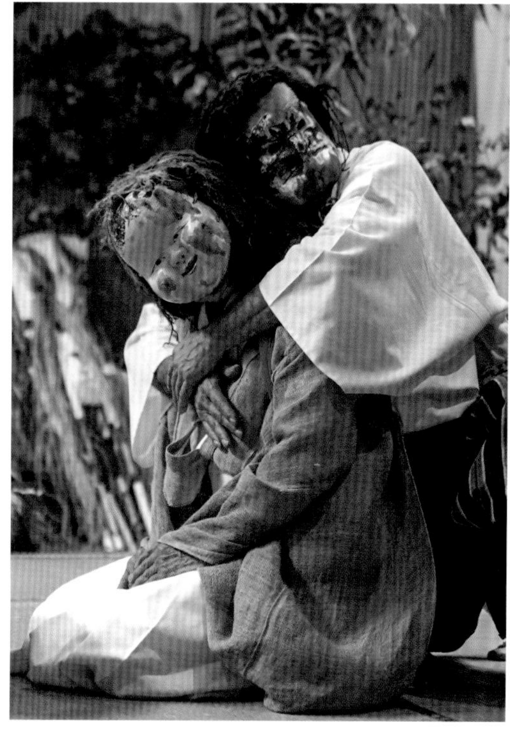

「御神体」の舞　イザナギとイザナミの夫婦神が酒をつくって神前に捧げる舞。別名「国生みの舞」や「酒こしの舞」とも呼ばれる。お互いに酒を酌み交わし、抱擁し合う様子などが仲睦まじくユーモラスに演じられ、夫婦円満や子孫繁栄の願いも込められた舞である。

浅
国指定重

争奪

日本の祭りには、博多祇園山笠の「追い山」のようにその速さを競ったり、沖縄の那覇大綱挽きや鹿児島県の川内大綱引きなどのように勝敗によって豊穣を占ったりする祭りがある。福岡県の筥崎宮「玉取祭」での「玉せせり」も陸組と浜組が競いあう占いである。兵庫県の西宮神社で正月10日に行われる「福男選び」も、午前6時の開門と同時に「走り参り」をし、1番から3番までが「福男」となる。これも先を争って福を得ようという祭りといえよう。こうした視点で祭りを見ていくと、岡山県の西大寺会陽は本堂2階の御福窓から投げられる「宝木」を争奪する祭りで、岩手県の黒石寺蘇民祭も「蘇民将来の駒木」とこれを入れた蘇民袋の争奪祭である。「宝木」はその名の通り富をもたらし、「蘇民将来の駒木」とその袋は、災厄から守ってくれる護符となる。福島県浜通りの相馬野馬追では、旗指物を背負っての「甲冑競馬」や「神旗争奪戦」があり、騎馬の争いが繰り広げられている。この神旗は神札と交換されるので、これで神の庇護が得られることになる。競争や宝や護符の争奪という祭りは、当然ながら興奮と熱狂を生み、これが多くの祭り人を集わせ、さらには祭り人たちの生きる力の源泉にもなっている。祭りがもつ力のひとつがここにあるといえる。

競い福を得る、力漲る熱狂

福を求めて裸の男衆が「宝木」を奪い合う

岡山市に鎮座する西大寺観音院で行われる法会行事で、別名「はだか祭り」。3週間前の「事始式」から始まり、14日間にわたって国家安泰・五穀豊穣などを祈願する修正会（しゅしょうえ）の結願の日に行われる。会陽（えよう）当日、まわし姿の男たちは境内の垢離取場（こりとりば）で身を清め、「地押し」と言って境内を練り歩く。そして深夜、裸にまわしを締めた約1万人の男衆が本堂の御福窓（ごふくまど）から投下される2本の「宝木（しんぎ）」と呼ばれる木製の護符（ごふ）をめぐって激しい争奪戦を繰り広げる。この宝木を取った者は福男と呼ばれ、その年1年の福を得られるとされており、福にあやかろうと裸の男衆が揉み合う様子は熱気にあふれ、まさに壮観。歴史は古く奈良時代まで遡るとされ、現在のように裸で宝木を奪い合う形になったのは、永正7（1510）年、新年の修正会で守護札を配布したところ人々が殺到したため頭上から投げ与えるようになり、それを奪い合う際の身の安全のため裸になったことに始まるとされる。室町時代から500年以上の歴史を持ち、国の重要無形民俗文化財に指定されている。会陽の行事は市内では金山寺、無量寿院（むりょうじゅいん）、美作（みまさか）市の安養寺などにもある。

2月第3土曜日／岡山県岡山市・西大寺

西大寺会陽

水垢離　宝木争奪戦当日、参加者は仁王門から入場し、境内にある垢離取場で繰り返し冷水を浴びて心身を清める水垢離を行う。宝木争奪戦に参加できない女性たちが、裸の男たちの士気を高め、安全を祈願するために会陽太鼓を打ち鳴らす。

本堂前　身を清めた男衆はそのまま境内を回って「地押し」をし、千手観音と牛玉所大権現に詣で、本堂前の大床の上で押し合いながら宝木投下の時を待つ。2月の寒空の中、押し合う男衆の体温で本堂周辺には湯気もあがっている。

宝木争奪戦　夜10時になると本堂の明かりが一斉に消され、暗闇のなかひしめく男衆の頭上に宝木が投下される。男衆は宝木を求めて手を伸ばし、堂内は熱気に包まれる。宝木を獲得した者は境内を出て宝木の鑑定を受け、無事に宝木が本物と判定されればその年の福男と認められる。

3
帯金

「蘇民袋」を奪い合う、男衆の熱気があふれる厳寒の裸祭り

岩手県奥州市の黒石寺で行われる蘇民将来（そみんしょうらい）にまつわる裸祭り。ふんどし姿の男衆が寺の前を流れる瑠璃壺川（るりつぼ）（山内川）で身を清めて境内を巡る「裸参り」で始まり、井桁に積み重ねた火のついた松に登る「柴燈木登（ひたきのぼり）」や護摩（ごま）焚き供養を行う「別当登（べっとうのぼり）」、鬼の面を逆さに背負った男児2名が男衆に背負われて薬師堂に登って参拝する「鬼子登（おにごのぼり）」など一連の行事が夜を徹して行われる。翌朝未明には将軍木（かつのき）で作る疫病の護符（ごふ）で、約3cmの「小間木（こまぎ）（駒木）」を詰め込んだ「蘇民袋」と呼ばれる麻袋の争奪戦が繰り広げられる。柴燈木登で煙や火の粉と一体となり気合を入れる男衆の勇壮な雰囲気や、祭りのクライマックスとなる蘇民袋争奪戦の約3時間にもおよぶ男たちの激闘が見どころとなっている。蘇民祭の名からもわかるように、夏の祇園祭と同じく厄災除けの祭りで、蘇民将来の小間木や袋が護符となる。こうした蘇民祭は奥州市江刺区や花巻市、一関市でも行われている。

旧暦1月7日／岩手県奥州市・黒石寺

黒石寺蘇民祭

蘇民祭 世話人

柴燈木登　本堂の前に松の木を約3mの井桁状に組み上げた2か所の「柴燈木（ひたき）」に火を入れ、立ち上る煙のなか、ふんどし姿の男衆が柴燈木に登り火の粉を浴びて身を清める。勇ましい「ジャッソー、ジョヤサ」の掛け声や山内（やまうち）節を響かせ、気勢を上げる。

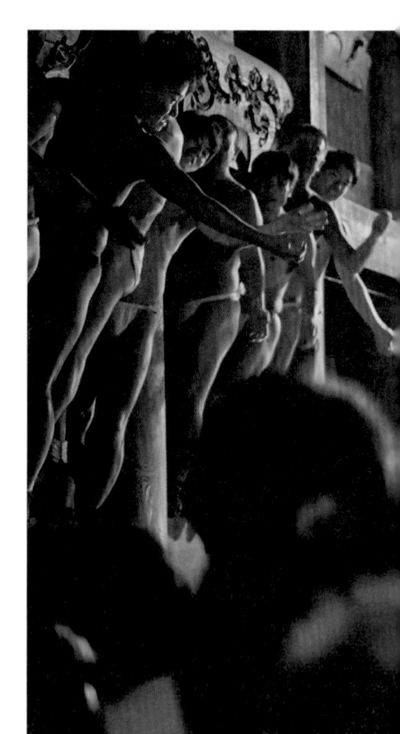

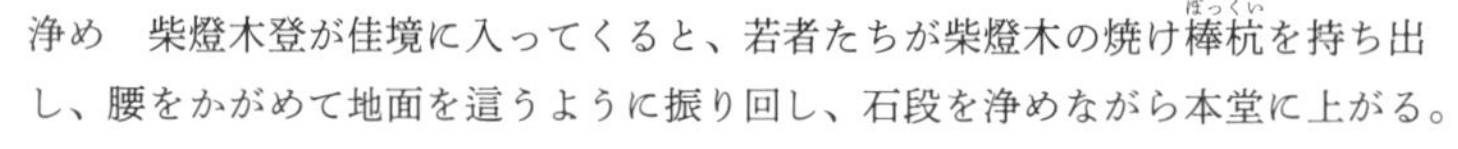

浄め　柴燈木登が佳境に入ってくると、若者たちが柴燈木の焼け棒杭（ぼっくい）を持ち出し、腰をかがめて地面を這うように振り回し、石段を浄めながら本堂に上がる。

厄災祓い　氷点下の下、降りかかる火の粉に耐えながら、立ち上る煙に燻(いぶ)され厄災を祓う。

蘇民袋争奪戦　小間木が入った蘇民袋が投げ込まれ袋に刀が入れられると、飛び散る小間木を荒々しく奪い合う。さらにその後、空になった蘇民袋をめぐる激しい揉み合いが続き、男たちの熾烈な戦いは勇壮の一言に尽きる。最後に袋を手にしていた者の土地には豊穣が約束されるという。

人馬一体で神旗を奪い合う騎馬戦

相馬市に鎮座する中村神社と、南相馬市に鎮座する太田神社、小高(おだか)神社の相馬3社の合同祭礼。この3社は、この地の領主、相馬家の城があったところにあり、いずれも相馬家の氏神である妙見を祀る神社である。3日間にわたり、甲冑を身にまとい先祖伝来の旗指物(はたさしもの)を背に着けたおよそ400騎の騎馬武者が登場する。雲雀ヶ原(ひばりがはら)祭場地を中心に、鉢巻を締めた騎馬武者が1周1000mのコースで速さを競う甲冑競馬や、花火とともに打ち上げられた2本の神旗(しんき)を奪い合う神旗争奪戦、神馬(しんめ)を素手で捕らえて小高神社に奉納する神事の野馬懸(のまかけ)などが行われる。見どころは2日目で、砂埃を上げて疾走する甲冑競馬や合戦のような迫力の神旗争奪戦は最高潮の盛り上がりを見せる。神旗は鞭(むち)で取りあい、取った者は本陣山に駆け登って神輿の前で神札をいただく。こうした騎馬によるいくつもの内容をもつ祭りは他に類例がなく、国の重要無形民俗文化財に指定されている。起源は相馬氏の遠祖とされる平将門が敵兵に見立てて野馬を放ち軍事訓練を行ったことや野馬を捕らえて神前に奉納したことと伝えられており、その後代々伝承され現在の形式になったという。

7月最終土～月曜日／福島県相馬市、南相馬市

相馬野馬追

来訪神

仮面・仮装で来訪する神々

『古事記』や『日本書紀』の神話に登場する神々は、多くが天界から地上に降臨する。これが天孫降臨の世界であるが、民間の民俗世界にはこれと違って、大晦日やお盆などの特定の日に、海の彼方や山などから人間界に来訪する神々の祭りがある。その姿は仮面仮装というのが特色で、異様な面をつけ、蓑や草木を身にまとい、手には杖や包丁などを持っている。天孫降臨の神々は目には見えない観念的な存在であるのに対し、来訪神は身体をもち、目に見える姿で訪れてくるのであり、この造形に日本人の想像力をうかがうことができる。来訪神に扮するのは、これを伝える地域の青年や子どもたちであり、これは地域社会の祭りであるのも特徴である。来訪し家々を巡る神は、人々に教訓や知恵を授け、さらには力の源である年玉を与えてくれる場合もある。折口信夫はこうした神々を「まれびと」と命名した。ここでは鹿児島県の甑島のトシドンほか9つの来訪神を選んだが、国内には他にもいくつもの来訪神行事がある。とくに沖縄県には、東村の安田や安波にはシヌグという祭りに山から草木をまとって里に現れる神、八重山諸島には厳格な見学ルールがあるアカマタ・クロマタ、石垣島川平にはマユンガナシが訪れ来る祭りなど注目すべき来訪神行事が多い。

長い鼻に大きい口の仮面を被り、藁蓑、シュロやソテツの葉などを身につける。

甑島のトシドン

年の境目に家々を訪れ、地域の子どもたちを健やかに育む神

鹿児島県下甑島に伝わる民俗行事。大晦日の夜に「トシドン」と呼ばれる祝福の神が山の上に降り立ち、首のない馬に乗って人里を訪れるとされる。トシドンは子どもがいる家々を訪れ、日頃の行いを褒めたり良い子になるよう諭したりする。最後に「歳餅」と呼ばれる大きな餅を授けて背中に戴かせると去っていく。この歳餅を食べると無事にひとつ年をとることができるといわれる。

12月31日夜／鹿児島県薩摩川内市（下甑島）

赤土と墨を塗った仮面を被り、身体にビロウの葉を巻きつけ、手足にはシュロ皮やツグの葉を当てがう。

悪石島のボゼ

異形の迫力ある仮面神が邪気を祓う

鹿児島県トカラ列島の悪石島に伝わるという来訪神行事。盆の最終日に「ボゼ」と呼ばれる異形の仮面神が現れ、人々の災厄を祓い、幸いをもたらすという。3名の若者が扮するボゼは、呼び太鼓の音とともに人々が集まる広場に現れ、赤土(アカシュイ)を付けた棒を持って観客を追いまわし、魔除けや厄除けになるという赤土を擦(こす)り付けようとする。

旧暦7月16日／鹿児島県十島村

身体にツル草（シイノキカズラ）を巻き、全身に泥を塗る。海岸に流れついたという仮面で顔を隠して出現する。

宮古島のパーントゥ

厄祓いの神聖な泥を塗りたくる異形の神の出現

沖縄県宮古島に伝わる民俗行事。若者や少年が扮する厄祓いの神「パーントゥ」が集落はずれのンマリガー（産まれ井戸）と呼ばれる泉の底の泥を全身につけ、杖をついて奇声を発しながら人や各家をまわり、泥を塗り付けることで厄災を祓う。パーントゥは「妖怪・鬼」という意味がある。上野野原地区では「サトゥバロウ」といい、男子小学生と女性たちが集落をまわり、厄祓いをする。

旧暦9月上旬（島尻地区）、旧暦12月最後の丑の日（上野野原地区）／沖縄県宮古島市

テゴと呼ばれる竹籠に紙を貼って文様をつけた面を被り、蓑を身につけ、手袋をはめ誰だかわからないようにする。

薩摩硫黄島のメンドン

奇怪な姿の仮面神が神木で叩き魔を祓う

鹿児島県の硫黄島に伝わる民俗行事。八朔（はっさく）の行事として熊野神社に奉納される八朔太鼓踊りに、仮面を被った天下御免の神「メンドン」が乱入し、暴れまわって悪霊を祓う。観客を追いかけたり、神社を出たり入ったりせわしく駆けまわり、太鼓踊りが終わった後も翌日の夜中まで島内の各所に出没する。メンドンが手に持つ神木（スッベン木）で叩かれると邪気が祓われるという。

旧暦8月1日・2日／鹿児島県三島村（硫黄島）

手ぬぐいや甚八笠で顔を隠したカセドリに酒を勧めて、顔が見られると幸運があるとされる。

見島のカセドリ

厳かに家々を巡り、厄を祓う神の使い

佐賀市蓮池町の見島地区に伝わる旧暦の小正月行事。地元の独身青年2名が雌雄の「カセドリ」と呼ばれる神の使いに扮し、熊野神社で神事を行ったあと、供の者を連れて地域の家々をまわる。膝をつき身体を曲げ、先端が細かく割れた青竹で畳や床を激しく打ち鳴らして悪霊を祓い、家内安全や五穀豊穣を祈願する。観光客の誘致が目的ではないため、各家庭への来訪場面は非公開となっている。

2月第2土曜日／佐賀県佐賀市

天狗・鼻ベチャなどの面を被り、手には木製の包丁、サイケ(木製の箱)をさげ、蓑(みの)をまといフカグツを履く。

能登のアマメハギ

ナマハゲと同じ意味がルーツ

能登地方の石川県輪島市や能登町に伝わる正月の民俗行事。天狗や鬼の姿の神に扮した子どもたちが家々を訪問し、怠け癖を戒め、家庭の厄災を祓う。現在は正月2日の晩だが、かつては正月6日の年越しの晩で、7日を七日正月と呼んだ。「アマメ」とは能登の方言で囲炉裏(いろり)などに長時間あたっているとできる火だこを指し、アマハゲやナマハゲ同様それを剥ぎ取る意味からアマメハギと呼ばれている。

1月2日（輪島市）、2月3日（能登町）／石川県輪島市、能登町

赤鬼や青鬼、翁など地区により異なる面を被り、「ケンダン」という藁を何重にも重ねた蓑を身にまとう。

遊佐の小正月行事

アマハゲが巡る

鳥海山の西麓、山形県の遊佐町に伝わる小正月行事。正月に若者扮する「アマハゲ」という着面で稲藁をまとった神が集落や家々を訪れ厄災を祓い、福をもたらすとされる。太鼓打ちや笛吹きを伴って家々を巡り、餅を配る。面や各家庭での振る舞いなどは集落ごとに異なる。門松や注連縄、アマハゲの蓑などを焼く神事「ホンデ焼き」や鳥追い行事なども行うことから小正月行事という。

1月1日（滝ノ浦）、1月3日（女鹿）、1月6日（鳥崎）／山形県遊佐町

「あたま」と「わっか」という藁製の被り物に、腰と肩には藁の「しめなわ」を巻き、顔に墨を塗る。

米川の水かぶり

火伏せ祈願に水をかけて練り歩く、神の使いの男衆

宮城県登米市東和町米川に伝わる火伏せの行事。2月の初午の日、藁蓑などの装束をまとい神の使いとなった厄年や若年の男たちが大慈寺境内にある秋葉権現社に祈願したあと、奇声を上げながら町へ繰り出す。沿道の家々の前に用意された水を屋根にかけてまわり、町中の火災除けを願うことから「水かぶり」という。人々は水かぶりの装束から藁を抜き取り、屋根の上に載せて火災除けのお守りにする。水かぶりの一団とは別に、ひょっとことおかめが家々を訪れる。

2月初午の日／宮城県登米市・大慈寺

鬼とも馬ともつかない面を被り、藁蓑（わらみの）や毛皮を身にまとい、アワビの殻を腰にぶら下げ、キリハという小刀を持つ。

吉浜のスネカ

迫力満点の来訪、恐ろしい形相で子どもを戒め成長祈願

岩手県大船渡（おおふなと）市三陸町吉浜に伝わる小正月行事。この日の晩、里に春を告げ、豊穣をもたらす「スネカ」と呼ばれる神が山から里に降り、家々を巡って怠け者や泣く子を戒め、子どもの成長や五穀豊穣、豊漁を祈願する。俵を背負って身を屈め、鼻を鳴らしながら歩く姿が特徴的である。スネカとは囲炉裏（いろり）などで長く暖を取るとできる火だこでその脛（すね）の皮を剥ぐ「脛皮たぐり」の略だとされる。

1月15日／岩手県大船渡市

鬼のようなナマハゲが出刃包丁を持ち、子どものいる家々に「泣く子はいねがー」などと叫びながら上がり込む。子どもたちは恐怖で逃げ惑うが、接待されて平安を授けていく。

男鹿のナマハゲ

子どもを怖がらせ、戒める異形の神々

秋田県男鹿半島とその周辺に伝わる民俗行事。かつては小正月の行事であったが、現在は大晦日の夜に行われている。木彫りなどの鬼の面を被り、ケデ（藁蓑）、ハバキ（藁で編んだ脛あて）などを身に着け、木の出刃包丁や御幣などを持って地域の家々を巡る。厄災を祓い、豊作・豊漁・吉事をもたらす行事で、地域の青年たちがナマハゲになっている。ナマハゲが落としたケデの藁は病気平癒や病除けのご利益があるという。ナマハゲの語源は、冬に囲炉裏に長くあたり、怠けて手足にできる火だこ（ナモミ）を剥ぐ「ナモミ剥ぎ」から呼ばれるようになったとされる。男鹿のナマハゲは、多くの来訪神行事が地域限定的な祭りであるのに比べ、観光にも力を入れている。

12月31日、2月第2金～日曜日（なまはげ柴灯まつり）／秋田県男鹿市

なまはげ柴灯まつり　昭和39(1964)年から始まり、毎年2月第2金・土・日曜日に真山神社で開催されている。ナマハゲ行事に加え「柴灯祭」の神事が行われるようになった。神社境内で焚き上げた柴灯火のもと、勇壮で迫力あるナマハゲの乱舞や、松明をかざして雪山を下り境内を練り歩く姿が観客を魅了する。

来訪　ナマハゲたちは2人一組、6人一組などで家に上がると四股を踏み、大声で叫びながら扉や襖を叩き、家中を歩きまわることでその家の一年の厄を祓うとされる。その際、怠けている者や子どもを探し出し、脅し戒める。家の主人はナマハゲと問答し、膳を出してもてなす。最後に翌年の再訪を約束すると去っていく。

儀式　「なまはげ柴灯まつり」の会場では神の使者として山から下りてきたナマハゲたちが、なまはげ踊りや和太鼓によるなまはげ太鼓の演奏を披露する。神に献ずる護摩餅をその使者である彼らに持たせる儀式・献餅（けんぺい）が終わると護摩餅を手にして神のもとへ帰って行く。

「祭」文化を未来に引き継ぐ

世界各地の庶民文化を見ていくと、日本は名だたる「祭（まつり）の国」ということができる。しかも多くの「祭」が長い歴史をもち、その継承過程でいろいろな文化を取り込んで今の姿になっているのが特色である。ややもすれば古さを強調したがる傾向にあるが、現在の「祭」の姿は室町時代に骨格ができ、その後、マチやムラの社会体制が整い、経済力が高まっていくなかで成長してきたといえる。

本書で取り上げている「祭」は、それぞれの地域社会が支え、受け継いできた文化である。このことから言えるのは、「祭」の継承が地域社会の持続に大きな力をもっているということである。今も記憶に新しい2011年3月11日の東日本大震災は広範囲に大きな被害を与えたが、復興に向けて人々を勇気づけたのは、それぞれの地の「祭」であった。瓦礫のなかで力を合わせて「祭」を行うことで、明日に向かう勇気が出たのである。その地の「祭」は、そこで生きる人たちにとってはオンリーワンで、その規模や華やかさで価値がはかられるものではないのがわかる。

本書の最初に記したように、日本にはおそらく十数万もの「祭」があって、ここで紹介できたのはそのうちの70足らずである。取り上げられている写真の迫力には圧倒されるが、各地の「祭」を見続けてきた者にとっては、あれもない、これもないという不満があるし、そう思われても当然である。読者の方々に要望したいのは、この書では日本の「祭」を見ていくひとつの視点を提示したので、これを参考に本書には出てこない魅力ある「祭」を発見して頂きたいことである。

このように使って頂けるなら望外の幸せであるが、日本の「祭」の現状は、どれを取り上げても「祭」を未来に引き継ぐ「祭り人」が減っていることである。写真では大勢が集い、華やかで熱気を感じる「祭」であっても、その継承が困難になりつつある。このことは農山漁村だけでなく、たとえば華やかさを誇る京都の祇園祭でさえも同じ問題を抱えている。こうした現状のなかで、どうやって「祭」文化を未来に引き継ぎ、活力ある地域社会を維持するかの施策が各地で進んでいる。読者の方々がお住まいの地域で、どのような試みがなされているのかについても目を向けて頂きたい。

今に生きる者たちが、未来に生まれて来る人たちに何を引き渡すことができるのかを考えなければならない時代である。「祭」がもつ「力」が実感できるなら、これが未来に引き継ぐ文化であるのは当然のこととなろう。

最後に、本書のために写真や情報などを提供してくださった方々には感謝の意を表しておきたい。また、読者の方々にはいくつかのお願いをしたが、本書から一歩進んで日本の「祭」を知りたい方々のために、参考文献も付しておいたことを申し添えておく。

監修者　小川直之

全国祭りマップ

鳥取しゃんしゃん祭 (P240)
灘のけんか祭り (P164)
西大寺会陽 (P276)
ホーランエンヤ (P184)
壬生の花田植 (P036)
石見神楽 (P248)
防府天満宮御神幸祭 (P176)
黒崎祇園山笠 (P114)
博多祇園山笠 (P108)
大善寺玉垂宮鬼夜 (P054)
唐津くんち (P118)
見島のカセドリ (P295)
長崎くんち (P242)
山鹿灯籠まつり (P090)
阿蘇のおんだ祭 (P026)
八代妙見祭 (P124)
甑島のトシドン (P290)
高千穂の夜神楽 (P268)
薩摩硫黄島のメンドン (P294)
悪石島のボゼ (P291)
宮古島のパーントゥ (P292)
鞍馬の火祭
(P058)
葵祭 (P180)
祇園祭
(P102)
西条まつり
(P134)
新居浜太鼓祭り
(P140)
よさこい祭り (P234)
阿波おどり (P224)
岸和田だんじり祭
(P130)
御田植神事
(P022)
天神祭
(P170)
那智の扇祭り
(P042)
春日若宮おん祭
(P254)

天狗の火渡り (P066)
五所川原立佞武多 (P082)
弘前ねぷたまつり (P078)
青森ねぶた祭 (P072)
男鹿のナマハゲ (P300)
八戸えんぶり (P196)
秋田竿燈まつり (P086)
盛岡さんさ踊り (P200)
早池峰神楽 (P264)
西馬音内盆踊り (P210)
黒石寺蘇民祭 (P282)
遊佐の小正月行事 (P297)
吉浜のスネカ (P299)
能登のアマメハギ (P296)
米川の水かぶり (P298)
あばれ祭 (P158)
山形花笠まつり (P206)
おわら風の盆 (P214)
相馬野馬追 (P286)
郡上おどり (P220)
檜枝岐歌舞伎 (P208)
野沢温泉の道祖神祭り (P010)
御柱祭 (P188)
秩父夜祭 (P146)
花祭 (P260)
平方祇園祭のどろいんきょ行事 (P174)
三社祭 (P156)
神田祭 (P152)
高山祭 (P096)
大磯の左義長 (P016)
吉田の火祭り (P062)
鳥羽の火祭り (P048)
尾張津島天王祭 (P144)
伊雑宮御田植式 (P032)

P010
野沢温泉の道祖神祭り
開催日／1月15日
開催地／長野県下高井郡野沢温泉村豊郷
アクセス／JR飯山線「飯山駅」よりバスで25分
お問合せ／野沢温泉観光協会　TEL 0269-85-3155

P016
大磯の左義長
開催日／1月14日前後の土・日・祝いずれか
開催地／神奈川県中郡大磯町 大磯北浜海岸
アクセス／JR東海道線「大磯駅」より徒歩10分
お問合せ／大磯町観光協会　TEL 0463-61-3300

P022
御田植神事
開催日／6月14日
開催地／大阪府大阪市住吉区住吉2-9-89（住吉大社）
アクセス／南海鉄道 南海本線「住吉大社駅」より徒歩3分
お問合せ／住吉大社　TEL 06-6672-0753

P026
阿蘇のおんだ祭
開催日／7月26日（国造神社）・7月28日（阿蘇神社）
開催地／熊本県阿蘇市一の宮町手野2110（国造神社）・宮地3083-1（阿蘇神社）
アクセス／JR豊肥本線「宮地駅」よりバス25分（国造神社）・徒歩15分（阿蘇神社）
お問合せ／阿蘇神社　TEL 0967-22-0064
国造神社　TEL 0967-22-4077

P032
伊雑宮御田植式
開催日／6月24日
開催地／三重県志摩市磯部町上之郷374（伊雑宮御料田）
アクセス／近鉄「上之郷駅」より徒歩3分
お問合せ／志摩市観光協会　TEL 0599-46-0570

P036
壬生の花田植
開催日／6月第1日曜日
開催地／広島県山県郡北広島町壬生
壬生の花田植特設会場
アクセス／JR山陰本線「広島駅」よりバスで45分
お問合せ／（一社）北広島町観光協会　TEL 0826-72-6908

P042
那智の扇祭り
開催日／7月14日
開催地／和歌山県東牟婁郡那智勝浦町那智山1
（熊野那智神社）
アクセス／JRきのくに線「紀伊勝浦駅」よりバスで30分
お問合せ／熊野那智大社　TEL 0735-55-0321

P048
鳥羽の火祭り
開催日／2月第2日曜日
開催地／愛知県西尾市鳥羽町西迫48（鳥羽神明社）
アクセス／名古屋鉄道蒲郡線「三河鳥羽駅」より徒歩10分
お問合せ／西尾観光案内所　TEL 0563-57-7840

P054
大善寺玉垂宮鬼夜
開催日／1月7日
開催地／福岡県久留米市大善寺町宮本1463-1
（大善寺玉垂宮）
アクセス／西鉄天神大牟田線「大善寺駅」より徒歩5分
お問合せ／福岡・大善寺玉垂宮　TEL 0942-27-1887

P058
鞍馬の火祭
開催日／10月22日
開催地／京都府京都市左京区鞍馬本町
（鞍馬寺地内、由岐神社境内、鞍馬本町区内）
アクセス／叡山電鉄鞍馬線「鞍馬駅」より徒歩10分
お問合せ／由岐神社　TEL 075-741-4511
（テレフォンサービス9/1〜10月末日）

P062
吉田の火祭り
開催日／8月26日・27日
開催地／山梨県富士吉田市上吉田5558
（北口本宮冨士浅間神社）
アクセス／富士急行線「富士山駅」より徒歩5分
お問合せ／（一財）ふじよしだ観光振興サービス

P066
天狗の火渡り
開催日／7月第2土・日曜日（琴平神社）、9月第2土・日曜日（恵比須神社）、7月5日・6日（美国神社）
開催地／北海道古平町浜町および、古平町新地町みどり公園、北海道積丹郡積丹町美国町字大沢230積丹町
アクセス／古平丸山町バス停から徒歩3分（琴平神社）、元気プラザバス停から徒歩2分（恵比須神社）、積丹観光せんたぁ駐車場から徒歩10分（美国神社）
お問合せ／美国神社　TEL 0135-44-2101

P072
青森ねぶた祭
開催日／8月2日～7日
開催地／青森県青森市中心部
アクセス／JR奥羽本線「青森駅」より徒歩10分
お問合せ／青森観光コンベンション協会　TEL 017-723-7211

P078
弘前ねぷたまつり
開催日／8月1日～7日
開催地／青森県弘前市大字土手町周辺
アクセス／JR奥羽本線「弘前駅」より徒歩15分
お問合せ／弘前市観光課　TEL 0172-40-1236

P082
五所川原立佞武多
開催日／8月4日～8日
開催地／青森県五所川原市大町506-10（立佞武多の館）
アクセス／JR五能線「五所川原駅」より徒歩5分
お問合せ／五所川原市観光協会　TEL 0173-38-1515

P086
秋田竿燈まつり
開催日／8月3日～6日
開催地／秋田県秋田市竿燈大通り周辺
アクセス／JR奥羽本線「秋田駅」より徒歩15分
お問合せ／秋田市竿燈まつり実行委員会事務局
TEL 018-888-5602

P090
山鹿灯籠まつり
開催日／8月15日・16日
開催地／熊本県山鹿市山鹿周辺
アクセス／JR鹿児島本線「新玉名駅」よりバスで50分
お問合せ／山鹿灯籠まつり実行委員会（山鹿市商工観光課内）　TEL 0968-43-1579

P096
高山祭
開催日／4月14日・15日（山王祭）、10月9日・10日（八幡祭）
開催地／岐阜県高山市神明町周辺、同市城山156番地（飛騨山王日枝神社）、岐阜県高山市桜町178（櫻山八幡宮）
アクセス／JR高山線「高山駅」より徒歩10～18分
お問合せ／高山市観光課　TEL 0577-35-3145

P102
祇園祭
開催日／7月1日～31日
開催地／京都府京都市東山区祇園町北側625（八坂神社）、京都市内
アクセス／京阪線「祇園四条駅」より徒歩5分
お問合せ／八坂神社　TEL 075-561-6155
公益財団法人祇園祭山鉾連合会　TEL 075-741-7211

P108
博多祇園山笠
開催日／7月1日～15日
開催地／福岡県福岡市博多区上川端1-41（櫛田神社）
アクセス／地下鉄空港線「祇園駅」より徒歩5分
お問合せ／博多祇園山笠振興会　TEL 092-291-2951

P114
黒崎祇園山笠
開催日／7月中旬～下旬
開催地／福岡県北九州市八幡西区黒崎周辺
アクセス／JR鹿児島本線「黒崎駅」より徒歩5分
お問合せ／黒崎祇園山笠保存会事務局
TEL 093-642-5151

P118
唐津くんち
開催日／11月2日～4日
開催地／佐賀県唐津市南城内3-13（唐津神社）
アクセス／JR唐津線・筑肥線「唐津駅」より徒歩10分
お問合せ／唐津観光協会　TEL 0955-74-3355

P124
八代妙見祭
開催日／11月22日・23日
開催地／熊本県八代市妙見町405（八代神社）ほか
アクセス／JR鹿児島本線「八代駅」よりバスで10分
お問合せ／八代妙見祭保存振興会
TEL 070-5819-8246

P130
岸和田だんじり祭
開催日／9月敬老の日直前の土・日曜日、
10月体育の日直前の土・日曜日
開催地／大阪府岸和田市内
アクセス／南海本線「岸和田駅」または「春木駅」すぐ
お問合せ／岸和田市観光課　TEL 072-423-9486

P134

西条まつり

開催日／体育の日の前々日・前日（嘉母神社）、10月14日・15日（石岡神社）、10月15日・16日（伊曽乃神社）、10月16日・17日（飯積神社）
開催地／愛媛県西条市内
アクセス／JR予讃線「伊予西条駅」より車で5～20分
お問合せ／（一社）西条市観光物産協会

P140

新居浜太鼓祭り

開催日／10月16日～18日（大生院地区10月15日～17日）
開催地／愛媛県新居浜市内
アクセス／JR予讃線「新居浜駅」より車で5～20分
お問合せ／（一社）新居浜市観光物産協会
TEL 0897-32-4028

P144

尾張津島天王祭

開催日／7月第4土曜日とその翌日の日曜日
開催地／津島神社・天王川公園
アクセス／名鉄津島駅より徒歩15分
お問合せ／（一社）津島市観光協会　TEL 0567-28-8051

P146

秩父夜祭

開催日／12月2日・3日
開催地／埼玉県秩父市番場町1-3（秩父神社）
アクセス／秩父鉄道秩父本線「秩父駅」より徒歩3分
お問合せ／秩父観光協会　TEL 0494-21-2777

P152

神田祭

開催日／5月中旬の土曜日
開催地／東京都千代田区外神田2-16-2（神田神社）
アクセス／JR中央線・総武線「御茶ノ水駅」より徒歩5分
お問合せ／神田明神　TEL 03-3254-0753

P156

三社祭

開催日／5月中旬の金・土・日曜日の3日間
開催地／東京都台東区浅草2-3-1（浅草神社）
アクセス／東京メトロ・都営地下鉄浅草駅より徒歩7分
お問合せ／浅草神社　TEL 03-3844-1575

P158

あばれ祭

開催日／7月第1金・土曜日
開催地／石川県鳳珠郡能登町 字宇出津チ58
（宇出津八坂神社）
アクセス／のと鉄道「穴水駅」よりバスで1時間
お問合せ／能登町ふるさと振興課　TEL 0768-62-8526

P164

灘のけんか祭り

開催日／10月14日・15日
開催地／兵庫県姫路市白浜町甲399（松原八幡神社）
アクセス／山陽電鉄本線「白浜の宮駅」より徒歩5分
お問合せ／松原八幡神社　TEL 079-245-0413

P170

天神祭

開催日／7月24日・25日
開催地／大阪府大阪市北区天神橋2-1-8（大阪天満宮）
アクセス／JR東西線「大阪天満宮駅」より徒歩3分
お問合せ／大阪天満宮　TEL 06-6353-0025

P174

平方祇園祭のどろいんきょ行事

開催日／7月中旬の日曜日
開催地／埼玉県上尾市平方488（八枝神社）
アクセス／JR高崎線「上尾駅」よりバスで15分
お問合せ／上尾市教育委員会生涯学習課
TEL 048-775-9496

P176

防府天満宮御神幸祭

開催日／11月第4土曜日
開催地／山口県防府市松崎町14-1（防府天満宮）
アクセス／JR山陽本線防府駅より徒歩15分
お問合せ／防府天満宮　TEL 0835-23-7700

P180

葵祭

開催日／5月15日
開催地／京都府京都市内
アクセス／京阪「出町柳駅」より徒歩10分
お問合せ／下鴨神社　TEL 075-781-0010

P184

ホーランエンヤ

開催日／5月中旬（式年）
開催地／島根県松江市大橋川（宍道湖大橋より出雲郷橋）
アクセス／JR山陰本線「松江駅」より徒歩5分
お問合せ／松江市観光振興部観光文化課 観光係
TEL 0852-55-5214

P188

御柱祭

開催日／寅年・申年の4月～5月
開催地／長野県諏訪市、茅野市、下諏訪町（諏訪大社）
アクセス／JR中央本線「上諏訪駅」よりバスで30分
お問合せ／諏訪地方観光連盟 御柱祭観光情報センター
TEL 0266-58-1123

P196

八戸えんぶり

開催日／2月17日～20日
開催地／青森県八戸市内
アクセス／JR八戸線「本八戸駅」より徒歩5分
お問合せ／八戸地方えんぶり保存振興会（VISITはちのへ内）
TEL 0178-70-1110

P200

盛岡さんさ踊り

開催日／8月1日～4日
開催地／岩手県盛岡市内
アクセス／JR東北本線「盛岡駅」より徒歩10分
お問合せ／盛岡さんさ踊り実行委員会　TEL 019-624-5880

P206

山形花笠まつり

開催日／8月5日～7日
開催地／山形県山形市七日町通り
アクセス／JR奥羽本線「山形駅」より徒歩15分
お問合せ／山形県花笠協議会　TEL 023-642-8753

P208

檜枝岐歌舞伎

開催日／8月18日（鎮守神社祭礼奉納）など
開催地／福島県南会津郡檜枝岐村字居平
アクセス／会津鬼怒川線「会津高原尾瀬口駅」より
バスで1時間
お問合せ／尾瀬檜枝岐温泉観光協会　TEL 0241-75-2432

P210

西馬音内盆踊り

開催日／8月16日～18日
開催地／秋田県雄勝郡羽後町西馬音内本町通り
アクセス／JR奥羽本線「湯沢駅」よりバスで20分
お問合せ／羽後町みらい産業交流課　TEL 0183-62-2111

P214

おわら風の盆

開催日／9月1日～3日
開催地／富山県富山市八尾町上新町2898-1
アクセス／JR高山本線「越中八尾駅」より徒歩30分
お問合せ／越中八尾観光協会　TEL 076-454-5138

P220

郡上おどり

開催日／7月中旬～9月上旬
開催地／岐阜県郡上市八幡町内
アクセス／長良川鉄道「郡上八幡駅」より徒歩20分
お問合せ／郡上八幡観光協会　TEL 0575-67-0002

P224

阿波おどり

開催日／8月12日～15日
開催地／徳島県徳島市内一円
アクセス／JR高徳線・徳島線「徳島駅」より徒歩5～15分
お問合せ／徳島市にぎわい交流課　TEL 055-621-5232

P234

よさこい祭り

開催日／8月9日～12日
開催地／高知県高知市内　各競演場・演舞場
アクセス／JR土讃線「高知駅」より各会場へ徒歩15分
（はりまや橋競演場）など
お問合せ／よさこい祭振興会　TEL 088-875-1178

P240

鳥取しゃんしゃん祭

開催日／8月13日～15日（2021年は10月31日）
開催地／鳥取県鳥取市内若桜街道、智頭街道周辺
アクセス／JR山陰本線・因美線「鳥取駅」
お問合せ／鳥取しゃんしゃん祭振興会事務局
TEL 0857-20-3210

P242
長崎くんち
開催日／10月7日～9日
開催地／長崎県長崎市上西山町18-15（諏訪神社）
アクセス／長崎電気軌道「諏訪神社駅」より徒歩5分
お問合せ／長崎伝統芸能振興会　TEL 095-822-1111

P248
石見神楽
開催日／例祭奉納：9月～11月、定期公演・神楽大会：年中
開催地／島根県浜田市、益田市、大田市、江津市、川本町、
美郷町、邑南町、津和野町、吉賀町
アクセス／JR山陰本線「浜田駅」など
各市町の駅より各会場へ。山間部は車などにて会場へ
お問合せ／石見観光振興協議会　TEL 0855-29-5647

P254
春日若宮おん祭
開催日／12月15日～18日
開催地／奈良県奈良市春日野町160（春日大社）
アクセス／JR大和路線「奈良駅」よりバスで10分
お問合せ／春日大社　TEL 0742-22-7788

P260
花祭
開催日／11月～3月
開催地／愛知県北設楽郡東栄町・設楽町・豊根村
アクセス／JR飯田線「東栄駅」
お問合せ／東栄町教育委員会　TEL 0536-76-0509
設楽町教育委員会　TEL 0536-62-0511
豊根村教育委員会　TEL 0536-85-1611

P264
早池峰神楽
開催日／8月1日（早池峰神社例大祭）など
開催地／岩手県花巻市大迫町内川目1-1（早池峰神社）
アクセス／JR東北新幹線「新花巻駅」より車で50分
お問合せ／（一社）花巻観光協会
TEL 0198-29-4522

P268
高千穂の夜神楽
開催日／11月中旬～2月上旬
開催地／宮崎県西臼杵郡高千穂町
アクセス／高千穂バスセンターより徒歩15分
お問合せ／（一社）高千穂町観光協会
TEL 0982-73-1213

P276
西大寺会陽
開催日／2月第3土曜日
開催地／岡山県岡山市東区西大寺中3-8-8（西大寺）
アクセス／JR赤穂線「西大寺駅」より徒歩10分
お問合せ／西大寺会陽奉賛会事務局
（岡山商工会議所西大寺支所内）　TEL 086-942-0101

P282
黒石寺蘇民祭
開催日／旧暦1月7日夜～翌早暁
開催地／岩手県奥州市水沢区黒石町山内17
アクセス／JR東北本線「水沢駅」よりバスで30分
お問合せ／（一社）奥州市観光物産協会
TEL 0197-22-7800

P286
相馬野馬追
開催日／7月最終土～月曜日
開催地／福島県南相馬市原町牛来出口周辺
アクセス／JR常磐線「原ノ町駅」より徒歩30分
お問合せ／相馬野馬追執行委員会　TEL 0244-24-3064

P290
甑島のトシドン
開催日／12月31日夜
開催地／鹿児島県薩摩川内市下甑町手打・片野浦・青瀬
アクセス／川内港ターミナルから高速船「甑島」乗船、
長浜港下船、長浜港から車で約25分
お問合せ／薩摩川内市文化課　TEL 0996-23-5111

P291
悪石島のボゼ
開催日／旧暦7月16日
開催地／鹿児島県鹿児島郡十島村悪石島
アクセス／鹿児島港からフェリーとしまで「悪石島」下船
お問合せ／十島村役場　TEL 099-222-2101

P292
宮古島のパーントゥ
開催日／旧暦9月上旬（島尻地区）、
旧暦12月最後の丑の日（上野野原地区）
開催地／沖縄県宮古島市
アクセス／宮古島空港から車で30分（島尻地区）
お問合せ／宮古島観光協会　TEL 0980-73-1881

P294

薩摩硫黄島のメンドン

開催日／旧暦8月1日・2日
開催地／鹿児島県鹿児島郡三島村硫黄島
アクセス／鹿児島港よりフェリーみしまで「硫黄島」下船
お問合せ／三島村観光案内所　TEL 09913-2-2370

P295

見島のカセドリ

開催日／2月第2土曜日
開催地／佐賀県佐賀市蓮池町見島
アクセス／JR長崎本線「佐賀駅」よりバスで30分
お問合せ／加勢鳥保存会　TEL 0952-97-0769

P296

能登のアマメハギ

開催日／1月2日(輪島市)、2月3日(能登町)
開催地／石川県輪島市、鳳珠郡能登町
アクセス／のと鉄道「穴水駅」からバス「秋吉」下車
(能登町秋吉地区)
お問合せ／輪島市教育委員会文化課　TEL 0768-22-7666
能登町ふるさと振興課　TEL 0768-62-8526

P297

遊佐の小正月行事

開催日／1月1日(滝ノ浦地区)、3日(女鹿地区)、
6日(鳥崎地区)
開催地／山形県飽海郡遊佐町吹浦滝ノ浦・女鹿・鳥崎
アクセス／JR羽越本線「吹浦駅」より車で10分
お問合せ／遊佐町教育委員会　TEL 0234-72-5892

P298

米川の水かぶり

開催日／2月初午の日
開催地／宮城県登米市東和町米川字町下56(大慈寺)
アクセス／JR東北本線「石越駅」より車で30分
お問合せ／登米市教育委員会教育部文化財文化振興室
TEL 0220-34-2332

P299

吉浜のスネカ

開催日／1月15日
開催地／ 岩手県大船渡市三陸町吉浜
アクセス／三陸鉄道リアス線「吉浜駅」より徒歩3分
お問合せ／大船渡市教育委員会教育総務課
TEL 0192-27-3111

P300

男鹿のナマハゲ

開催日／12月31日、2月第2金～日曜日(なまはげ柴灯まつり)
開催地／秋田県男鹿市各地区
アクセス／JR男鹿線「羽立駅」より車で20分
(なまはげ館、なまはげ柴灯まつり)
お問合せ／男鹿市文化スポーツ課　TEL 0185-24-9103

※年によって開催日が変わる可能性があります。詳細はお問合せ先にご確認ください。
※アクセスはいくつかの方法のうち代表的なアクセス方法のみを掲載しました。
※お問合せは各自治体の観光課、公式運営者の窓口としています。公式な窓口がない場合は主催者を明記しています。

「祭」文化をもっと知るために〈参考文献〉

事典／図鑑

星野紘・芳賀日出男監修、社団法人全日本郷土芸能協会編
　『日本の祭り文化事典』東京書籍、2006年

小島美子・鈴木正崇・三隅治雄・宮家準・宮田登・和崎春日監修
　『祭・芸能・行事大辞典』朝倉書店、2009年

芳賀日向監修『日本の祭りがまるごとわかる本』晋遊舎、2013年

久保田裕道『日本の祭り解剖図鑑』エクスナレッジ、2018年

祭り文化論

柳田國男『日本の祭』弘文堂、1942年（『柳田國男全集』13、ちくま文庫、1990年）

折口信夫『古代研究Ⅰ－祭りの発生』（中公クラシックス19）中央公論新社、2002年

本田安次『日本の伝統芸能』錦正社、1990年

芳賀日出男『日本の民俗　祭りと芸能』角川ソフィア文庫、2014年

芳賀日出男『神さまたちの季節』角川ソフィア文庫、2020年

松平誠『祭り文化　都市がつくる生活文化のかたち』有斐閣選書、1983年

古家信平・俵木悟・菊池健策・松尾恒一『日本の民俗9　祭りの快楽』吉川弘文館、2009年

福原敏男『祭礼文化史の研究』法政大学出版局、1995年

大石泰夫『祭りの年輪』ひつじ書房、2016年

小川直之『日本の歳時伝承』角川ソフィア文庫、2018年

小川直之（おがわなおゆき）

1953年、神奈川県生まれ。國學院大學文学部教授。博士（民俗学）。日本各地の伝承文化のフィールドワークと研究、中国の少数民族、台湾、インドなどの民俗文化研究とともに折口博士記念古代研究所（國學院大学）、柳田國男記念伊那民俗学研究所（長野県飯田市）で研究を進めている。中国の南開大学外国語学院の客員教授も務める。
著書に、『日本の歳時伝承』（KADOKAWA）、『日本の食文化１ 作法と食事』（吉川弘文館）、『折口信夫　死と再生、そして常世・他界』（アーツアンドクラフツ）など多数。

掲載写真協力

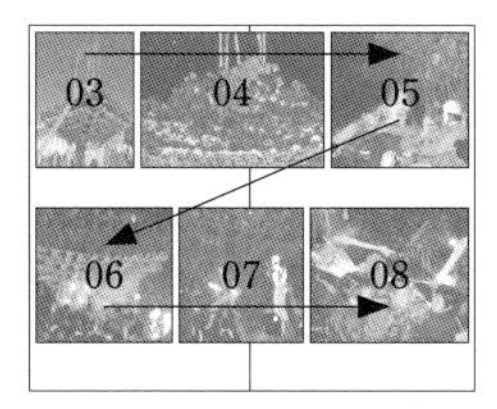

上記の順で写真ナンバーを表記しています

カバー
天狗の火渡り　カメラのキタムラ主催「日本の祭りフォトコンテスト」入賞作品　和島厚

巻頭
那智の扇祭り　芳賀日向＆芳賀薫
阿波おどり（若獅子連）　徳島市　撮影者不明

野沢温泉の道祖神祭り
01, 09 小川秀一、02 Aflo、03 中村昇（Aflo）、
04, 07, 08 野沢温泉観光協会、05 佐藤明彦、06 山本哲也

大磯の左義長
01 小柴尊昭、02 芳賀日向、03 HIROYUKI OZAWA(Aflo)、04 佐藤泰弘、05 森川天喜

御田植神事
すべて住吉大社

阿蘇のおんだ祭
01, 02, 04, 05, 06, 07, 08 髙岩太、03 新田義人

伊雑宮御田植式
01, 05 奥田健一（Aflo）、02 川島朱実、03, 07 Wa☆Daフォトギャラリー、
04 志摩市観光協会、06 三重県文化財データベース志摩市歴史民俗資料館

壬生の花田植
すべて一般社団法人北広島町観光協会

那智の扇祭り
すべて芳賀日向＆芳賀薫

鳥羽の火祭り
01, 02 西尾市、03 山本哲也、04, 07 AichiNow、05, 06 小川秀一（Aflo）

大善寺玉垂宮鬼夜
01 若草写真館、02 久留米観光コンベンション国際交流協会、03 福岡県観光連盟

鞍馬の火祭
すべて三宅徹

吉田の火祭り
01 小松啓二（Aflo）、02 photolibrary、03 富士吉田市、04, 05 ふじよしだ観光振興サービス、06 山梨将典（Aflo）

天狗の火渡り
すべて克

青森ねぶた祭
01 石川光男（「天空を駆ける」NTT 東日本）、02, 07 The Asahi Shimbun(GettyImages)、
03 十屋降昭（「熱く燃えて」NTT 東日本）、04 藤林哲夫（「熱血ハネト」NTT 東日本）、
05 kyonntra(GettyImages)、06 photolibrary

弘前ねぷたまつり
01 photolibrary、02, 04 弘前市、03 小川秀一 (Aflo)、05 伊藤圭

五所川原立佞武多
すべて五所川原市観光協会

秋田竿燈まつり
01, 03, 06 秋田市竿燈まつり実行委員会、02 山梨将典、04 加藤明見、05 上米町一丁目竿燈会

山鹿灯籠まつり
01, 03, 04, 05, 06, 07 山鹿市、02 髙木淳司

高山祭
01, 02, 03, 04, 05 池戸比呂志、06, 09 飛騨・高山観光コンベンション協会、
07, 08 高山屋台保存会、10 TAKAHIRO MIYAMOTO(SEBUN PHOTO amanaimages)

祇園祭
01, 06 三宅徹、02 祇園祭山鉾連合会、03 イメージマート、
04 田中秀明 (Aflo)、05, 07 The Asahi Shimbun(GettyImages)

博多祇園山笠
すべて博多祇園山笠振興会

黒崎祇園山笠
01, 02, 06 The Asahi Shimbun(GettyImages)、03, 05 株式会社システム工房(よかとこBY)、
04 yayori(北九州市 時と風の博物館)

唐津くんち
01, 03, 04, 05 唐津観光協会、02 アトリエサラ (Aflo)、06 山梨勝弘 (Aflo)

八代妙見祭
01, 02, 03, 04, 06, 07 八代市、05 佐藤裕一

岸和田だんじり祭
01, 04 岸和田市観光振興協会、02, 05, 06 岸和田市、03 ペイレスイメージズ

西条まつり
01, 02, 06 The Asahi Shimbun(GettyImages)、03, 04, 05 西条市、07 高野祥

新居浜太鼓祭り
01 愛媛県観光物産協会、02, 03 新居浜市観光協会

尾張津島天王祭
01 佐藤武、02 吉田勝次

秩父夜祭
01 FUSAO ONO(SEBUN PHOTO amanaimages)、02 Kyodo News、03 秩父市

神田祭
01 米原敬太郎 (Aflo)、02 Alamy(Aflo)、03 Koichi Kamoshida(GettyImages)、
04 The Asahi Shimbun(GettyImages)、05 NurPhoto、06 神田神社

三社祭
01 川田幾泰 (浅草神社)、02 秋冨哲生 (浅草神社)

あばれ祭
01 渋谷利雄、02 mandemai(PIXTA)、03, 06 能登町観光ガイド、
04 yoshihiro52(PIXTA)、05 能登町ふるさと振興課

灘のけんか祭り
01, 03, 04, 05 Buddhika Weerasinghe(GettyImages)、02, 06, 07, 08 The Asahi Shimbun(GettyImages)

天神祭
01 天神祭文楽船奉賛会、02 エムオーフォトス(Aflo)、
03, 04, 05 天神祭総合情報サイト、06 撮影者不明

平方祇園祭のどろいんきょ行事
01 相楽康吉、02 西田省吾

防府天満宮御神幸祭
01 防府天満宮、02 富田文雄

葵祭
すべて三宅徹

ホーランエンヤ
すべて松江市観光振興部

御柱祭
01, 03, 08 Koichi Kamoshida(GettyImages)、02 高橋猛(Aflo)、
04, 07 諏訪フォトライブラリー、05 photolibrary、06 PD

八戸えんぶり
01, 02, 05 二ツ森護真、03 白山健悦、04, 06 Visit はちのへ

盛岡さんさ踊り
01, 03, 05 芳賀日向、02, 04, 06, 07, 08 盛岡さんさ踊り実行員会

山形花笠まつり
01 山形県花笠協議会、02 朝日新聞アーカイブ

檜枝岐歌舞伎
01 Koichi Kamoshida(GettyImages)、02（公社）福島県森林・林業・緑化協会

西馬音内盆踊り
01, 03, 04, 06, 07 羽後町、02 yspbqh14(Adobe Stock)、05 フォトAC

おわら風の盆
01, 03, 04 遠山直樹、02, 05 VR: 北陸、06 マフグァラン(PIXTA)、07 松倉広治

郡上おどり
01, 02, 04 郡上八幡観光協会、03, 05 The Asahi Shimbun(GettyImages)

阿波おどり
01 canyalcin(Shutterstock.com)、02 礒田尚樹、03, 05, 12, 13, 14 杉浦健一郎、
04 菊水連、06, 08, 09 酒井健治、07 阿波扇、
10, 11, 15 娯茶平、16 Toshiro Shimada(GettyImages)

よさこい祭り
01 窪田稔、02, 04, 05, 06 やまもも工房、03 タキオン、07 とらっくよさこい

鳥取しゃんしゃん祭
すべて鳥取しゃんしゃん祭振興会

長崎くんち
01, 04 The Asahi Shimbun(GettyImages)、02 瀬川陣市、03 福岡将之(Aflo)、
05 長崎国際観光コンベンション協会

石見神楽
01, 02 石見神楽亀山社中 & アイ企画、03, 08 津田神楽社中 & アイ企画、
04 石見神楽長澤社中 & 浜田石見神楽社中連絡協議会 & アイ企画、05（一社）浜田市観光協会、
06 石見神楽佐野神楽社中 & 浜田石見神楽社中連絡協議会 & アイ企画、07 石見観光振興協議会

春日若宮おん祭
01, 02, 03, 04, 07, 08 桑原英文、05, 06 野本暉房 (芳賀ライブラリー)

花祭
01, 02 東栄町観光まちづくり協会、03, 04, 07 豊根村教育委員会、
05 一般社団法人奥三河観光協議会、06 坂本健太郎

早池峰神楽
01, 06 花巻大迫地域情報発信サイト、02, 03, 04, 05 佐々木秀勝

高千穂の夜神楽
01, 02, 06 五十川満、03, 04, 05, 07, 08 森田敬三

西大寺会陽
01 西大寺会陽奉賛会、02, 05 The Asahi Shimbun(GettyImages)、
03 岡山県観光連盟、04 Alamy(Aflo)、06 金陵山西大寺

黒石寺蘇民祭
01 黒石寺 & 東北ＤＣ事務局、02 及川寿郎、03, 05 奥州市どっとこむ、
04, 08 奥州市、06, 07 松木世以子

相馬野馬追
01 The Asahi Shimbun(GettyImages)、02 小川秀一 (Aflo)

甑島のトシドン
01 黒岩正和

悪石島のボゼ
01 鹿児島県観光連盟

宮古島のパーントゥ
01 箭内博行 (Aflo)、02 宮古毎日新聞

薩摩硫黄島のメンドン
01 箭内博行 (Aflo)

見島のカセドリ
すべて佐賀市教育委員会

能登のアマメハギ
01 能登町

遊佐の小正月行事
01 遊佐町

米川の水かぶり
01 岩渕佑

吉浜のスネカ
01 大船渡市

男鹿のナマハゲ
01, 03, 04, 05 男鹿市、02 森井禎紹、06 株式会社男鹿なび

祭　Matsuri

2022年1月26日　初版第1刷発行
2022年6月11日　　　第2刷発行

監修
小川直之

企画
MIKA Books

クリエイティブディレクション
三芳伸吾（PIE International）

アートディレクション / デザイン
伊藤修一（DK）

デザイン
後藤寿方、神﨑美穂、紺田達也（DK）

編集
宇佐美由樹、野中嘉員（MIKA Books）

校正
鷗来堂

制作進行
樋口泰造、高橋かおる（PIE International）

発行人　三芳寛要
発行元　株式会社　パイ インターナショナル
〒170-0005 東京都豊島区南大塚 2-32-4
営業　TEL: 03-3944-3981　FAX: 03-5395-4830
sales@pie.co.jp

印刷・製本
株式会社シナノ

ISBN 978-4-7562-5511-2 C0070
Printed in Japan